Toskana

Begegnung mit dem Land der Hügel und Zypressen

Werner Richner
Fotos
Hans-Albert Stechl
Texte

G. Braun

Toskana

Begegnung mit dem Land der Hügel und Zypressen

Gesamtherstellung: G. Braun, Druckerei GmbH & Co. KG, Karlsruhe
Lithos: System-Repro GmbH, Filderstadt

Die Deutsche Bibliothek – CIP-Einheitsaufnahme

Toskana: Begegnung mit dem Land der Hügel und Zypressen / Werner Richner Fotos. Hans-Albert Stechl Texte. –
Karlsruhe: Braun, 1993
ISBN 3-7650-8116-7
NE: Stechl, Hans-Albert; Richner, Werner

Inhalt

Toskanische Sehnsüchte

„Su questo amàbile colle abitò il celebre poeta tedesco, Enrico Heine, nell' autunno 1828". Der Putz des Hauses, an dem die kleine Marmortafel an Heinrich Heines Aufenthalt in Bagni di Lucca erinnert, bröckelt ein bißchen. Ein scharfer Wind fegt hier – damals wie heute – im Spätherbst von den Alpi Apuane herunter und läßt tausend Kastanienblätter über die kleine Piazza San Martino wirbeln. Selbst in der Kaffee-Bar halten die wenigen Gäste die Jackenkragen hochgeschlagen.
Toskanische Sehnsüchte, die nach Wärme und Wein, nach Zitronen und Zypressen, nach Oliven und Oleander, nach Küche und Kunst verlangen, können sich hier oben in der engen Abzweigung des Serchio-Tales nur recht unzulänglich verwirklichen. Aber weil der Wind nicht nur die Blätter wegfegt, sondern auch die Wolken vertreibt, lichten sich die grau-weißen Schleier und geben den Blick frei – frei hinunter ins Tal, von einem amàbile colle weiter hinüber zum nächsten.
Amàbile colle – der liebliche Hügel – das ist nicht nur eine Fiktion, nein, es ist das Toskana-Bild schlechthin, das Bild, das jeder in sich trägt, und das dieses Land vor jedem, der da kommt und wiederkommt, in unzähligen, die Sinne betörenden Variationen immer wieder aufs neue ausbreitet.
Es sind die sich ins Unendliche verlierenden, in allen Blau- und Grautönen hintereinandergestaffelten Hügel-Ketten der Zentraltoskana mit ihren Rebenkulturen und dem flirrenden Silber der Olivenhaine. Es sind die im Rhythmus der Jahreszeiten von grün über gelb und gold bis ins triste braungrau sich verändernden Kuppen der Crete weiter südlich. Und es sind, im Norden, in der Garfagnana, die Kastanienwälder, die in Wellen bis auf Gebirgshöhe hinaufsteigen, das halbe Jahr hindurch grün, bis dann der Herbst sie in allen Farben explodieren läßt.
Amàbile colle – so bleibt denn bei nicht wenigen Besuchern, die gekommen sind, das Land der Renaissance zu suchen, die Werke von Leonardo da Vinci, Michelangelo Buonarotti und Sandro Botticelli zu studieren, architektonische Meisterleistungen zu bewundern, die Spuren eines Franziskus von Assisi, eines Girolamo Savonarola und eines Galileo Galilei zu verfolgen oder in die Geheimnisse etruskischer Nekropolen einzutauchen, nach der Rückkehr nichts so sehr in der Erinnerung haften wie diese endlose Weite eines hellen Himmels über einer unendlichen Landschaft. Und man ist versucht, Mark Twain ein bißchen abzuwandeln und auszurufen: „Kein Wort mehr! Sagt einfach, daß der Schöpfer die Toskana nach einem Entwurf von Michelangelo erschaffen hat".
Indes: Nicht nur die sanften Wellen prägen das Landschaftsbild dieser einzigartigen Region. Auch der einsame Bauernhof und die dunklen Kerzensilhouetten der Zypressen, die sich vor einem glutroten Abendhimmel abheben; die langen Strände am Mare Lìgure und Mare Tirreno mit ihren endlosen Liegestuhl- und Sonnenschirmreihen im Sommer und dem elegischen Charme zugenagelter Badebuden im Winter, von denen die ausgeblichene Farbe blättert; die sonnenüberflutete Welt des Arcipelago Toscano mit der Hauptinsel Elba – sie gehören ebenso dazu wie die schroffen Felszacken der an die zweitausend Meter hoch aufragenden Alpi Apuane mit ihren ewig weißen, aus der Entfernung wie Schneefelder leuchtenden Marmorbrüchen. Die Pinienhaine und die trockengelegten Malaria-Sümpfe der einst lebensfeindlichen Maremma, die

bröckelnden Tuffsteinberge mit den Städtchen Pitigliano, Sovana und Sorano obenauf, das hochindustrialisierte Arnotal, die mönchische Abgeschiedenheit des Casentino und das fruchtbare Val di Chiana, die erzhaltigen Berge der Colline Metallifere und der erloschene Vulkan Monte Amiata – es ist eine unendliche Vielfalt. Und dabei sind die toskanischen Städte mit all ihren unermeßlichen Schätzen, mit ihren Kirchen, Museen, Plätzen und Palazzi noch gar nicht berücksichtigt.

Wer jedoch die ganze Toskana erfassen und nicht nur in landschaftlicher Schönheit und städtebaulicher Vollkommenheit schwelgen will, der muß ausholen, muß den Bogen weit spannen und alle seine Sinne schärfen. Denn was sich hier verflicht zur großartigsten Kulturlandschaft Europas, ist verwirrend und faszinierend zugleich. Und die Anknüpfungspunkte sind zahllos.

Warum also nicht beginnen, nur als Beispiel, am Herd und in den Kochtöpfen eines kleinen Ristorante, wo der Duft einer Ribollita oder die krosse Fettunta zu den Ursprüngen der kulinarischen Kultur des Landes führen. Und wo der Blick in die Küche auf der Stelle den Bogen zur Politik schlägt und wieder zurück, wenn eine Medici am französischen Hofe einheiratet und die Grundlagen für die spätere Haute Cuisine in Frankreich mit im Gepäck hat. Wo dieser Blick in den Topf aber im gleichen Atemzug auch die Armut dokumentiert. Toskanische Küche ist eine arme Küche – cucina povera. Die Bauern auf dem Lande hatten bis in dieses Jahrhundert hinein nicht viel zu beißen. Der Reichtum konzentrierte sich auf eine Handvoll Städte. Aus dem Wenigen jedoch das Beste machen – das ist noch heute die Kunst, die jede Mamma beherrscht und die in vielen Lokalen noch immer für glückliche Stunden sorgt.

Wer sich auf die Politik einläßt, landet ohne Umwege bei den Künsten. Unermeßliche Summen hat alleine Cosimo de' Medici für deren Förderung ausgegeben. 600.000 Florin sollen es gewesen sein. Eine Summe, die sich nur dem erschließt, der weiß, daß die Bank der Medici als Höchststeuersatz nur 600 Florin im Jahr zu zahlen hatte. Michelangelo und Botticelli, Ghirlandaio, Verrocchio und unzählige andere – ohne Medici-Sponsoring gäbe es sie nicht. Wer würde noch von Brunelleschi sprechen, hätte dieser nicht mit Medici-Geld das architektonische Wunderwerk der Domkuppel in Florenz erstellen können?

Daß die Kunstwerke mehr als nur handwerkliche und künstlerische Vollkommenheit demonstrieren, sondern gesellschaftliche Reflexe wie Rivalitäten zwischen Ständen und Städten offenbaren – wen wundert es? Alleine die Entstehungsgeschichte des Perseus-Standbildes von Benvenuto Cellini war eine öffentliche Angelegenheit und ist spannend wie ein Krimi. Goethe hat Cellinis Autobiographie übersetzt:

Der Herzog, der oft gekommen war, mich zu sehen, war so besorgt, der Guß möchte mir nicht geraten, daß er wünschte, ich möchte einen Meister zu Hülfe nehmen, der diese Arbeit verrichtete. Diese Gunst des Herrn ward mir sehr beneidet, und weil er oft mit Zufriedenheit von meiner Unterhaltung sprach, so dachte sein Haushofmeister nur auf eine Gelegenheit, um mir den Hals zu brechen. Der Herzog hatte diesem schlechten Mann, der von Prato und also ein Feind aller Florentiner war, große Gewalt gegeben und ihn, aus einem Sohn eines Böttchers, aus einem unwissenden und elenden Pedanten, bloß weil er ihn in seiner Jugend unterrichtet hatte, als er an das Herzogtum noch nicht denken konnte, zum Oberaufseher der Polizeidiener und aller Gerichtsstellen der Stadt Florenz gemacht.

Und, nicht zu vergessen, vierhundert Jahre später, unsere gemeinsame jüngste Vergangenheit: Deutsche Soldaten im Zweiten Weltkrieg – brandschatzend in Florenz, blutige Rache übend in kleinen Dörfern der nördlichen Toskana und gnadenlos gegenüber gefangengenommenen Partisanen.

Schon zuviel des Guten, des Schönen, des Widersprüchlichen und auch Entsetzlichen? Wer überwältigt ist ob der Fülle von Eindrücken und Reizen, befindet sich in guter Gesellschaft: Das „Stendhal-Syndrom" packte den französischen Schriftsteller schon vor annähernd zweihundert Jahren:

Die mich überschwemmenden Emotionen waren in ihrer Stärke durchaus mit einer religiösen Ekstase vergleichbar. Als ich aus dem Portal von Santa Croce heraustrat, überfiel mich plötzlich starkes Herzklopfen, und ich fürchtete beim Weitergehen ständig, zu Boden zu stürzen.

Dabei hatte es Stendhal noch gut. Denn heutzutage droht die Ohnmacht oft schon vor dem Kunstgenuß. Wer in glühender Sommerhitze vor den Uffizien zwei Stunden in der Schlange vor der Kasse geduldig gewartet hat, weiß, wovon die Rede ist. Und wer dann endlich Einlaß gefunden hat, jedoch im Strom der Mitbesucher an den Kunstwerken nur vorbeigeschoben wird und Botticellis ranke Venus höchstens von ferne ganz kurz grüßen kann, der mag ihn verfluchen, den Touristen-Boom, der diesen Landstrich seit Jahren ungebrochen heimsucht. Herrliche Zeiten waren es, als das Wort „Toskana-Fraktion" noch nicht geboren war und der deutsche Aussteiger sein Heil eher in der Provence als rechts und links des Arno oder in den Hügeln des Chianti suchte. Antizyklisches Reisen ist deshalb zum Stichwort für genußvolle Toskana-Tage geworden. Wer an Ostern nach Florenz fährt, ist selbst schuld. Und wen im Hochsommer in San Gimignano vor dem Hitzeschlag der finanzielle Ruin in Form der Hotel- und Restaurant-Rechnung einholt, darf auf keinerlei verständnisvollen Trost hoffen. Er hat es nicht besser verdient.

Die Toskana – sie will kenntnisreich, mit Genuß und Verstand angegangen werden.

Oder, mit Luigi Ugolini, im Traum:

„Er hatte die Augen geschlossen, weil er zu träumen glaubte. Aber als er sie wieder öffnete, war alles noch da . . ."

So wichtig wie der morgendliche Espresso: Ein Blick in eine der großen Tageszeitungen des Landes: „La Nazione", „La Repùbblica", „La Stampa" und „Corriere della Sera".

Ganz selbstverständlich nimmt eine mächtige Pinie auf einem Hügel bei Chiusure eine Schafherde in ihren Schutz.

Auf den Scheitelpunkten ihrer Kuppen hebt die Toskana die bescheidenen Behausungen der Menschen gen Himmel.

Nächste Seite:

Toskanische Landschaft bei Monteroni d'Arbia in ihrer schlichten Schönheit: Sie weckt Gefühle, prägt Erinnerungen, läßt niemanden unbeteiligt.

Zwischen den Bergen von Montalcino und Montepulciano fließt das Land bei San Quirico d'Orcia in weiten, sanften Wellen.

Es ist Frühling geworden. Leuchtend-rote Tupfen des Klatschmohns kokettieren mit dem strengen Dunkel der Zypressenreihen bei Taverne d'Arbia.

Bei Torrenieri: Harte, grobe Böden, auf denen die Bauern seit Generationen das Fluchen und das Darben gelernt haben.

Florenz im milchigen Dämmerlicht. Kaum vorstellbar, daß Schneeschmelze und Regenfälle aus dem träge dahinfließenden Arno einen reißenden Fluß machen können.

Der Dom von Siena. Er sollte das größte gotische Bauwerk Italiens werden, in dem die bestehende Kirche nur noch das Querhaus eines neuen, über hundert Meter langen Hauptschiffes sein sollte. Statische Probleme und die Pest stoppten das gigantische Vorhaben.

Harmonie und Ebenmaß – die verkörperten Ideale der Renaissance: eine Skulptur in Florenz auf der Piazzale Michelangelo.

Altes Gemäuer, rissiger Putz – bescheiden sind die Häuser der Landbevölkerung wie hier bei San Casciano dei Bagni.

Vorsaison in Montepulciano. Noch kann der Museumswächter gelassen der Dinge harren. Ab Ostern ist es mit der Ruhe schlagartig vorbei.

Die Skyline von San Gimignano. 13 der ursprünglich 56 Geschlechtertürme prägen noch heute die unverwechselbare Silhouette der Stadt.

Alpi Apuane, die Maremma und Italiens schönster Platz — Landschaften und Städte

Es gibt nichts Langweiligeres auf dieser Erde als die Lektüre einer italienischen Reisebeschreibung – außer etwa das Schreiben derselben – und nur dadurch kann der Verfasser sie einigermaßen erträglich machen, daß er von Italien selbst so wenig als möglich darin redet. Trotzdem, daß ich diesen Kunstkniff vollauf anwende, kann ich Dir, lieber Leser, in den nächsten Kapiteln nicht viel Unterhaltung versprechen. Wenn Du Dich bei dem ennuyanten Zeugs, das darin vorkommen wird, langweilst, so tröste Dich mit mir, der all dieses Zeug sogar schreiben mußte. Ich rate Dir, überschlage dann und wann einige Seiten, dann kömmst Du mit dem Buche schneller zu Ende – ach, ich wollt, ich könnte es ebenso machen!

Heinrich Heine, der alte Spötter, gehört zu jener dünn gesäten Spezies, die beim Anblick von toskanischen Landschaften nicht augenblicklich allen Verstand verliert, um sich fortan nur noch in wolkig-diffusen Lobeshymnen zu ergehen. „Die Bäder von Lucca“ – Heines Reisebilder aus dem Norden der Toskana – zelebrieren das typisch Toskanische auch nur in homöopathischer Dosierung. Aber all seinen Warnungen zum Trotz: die Landschaft der Toskana zu beschreiben, ohne dabei ins letztendlich unkritische Schwärmen zu verfallen, ist verlorene Liebesmüh. Sie zaubert nun einmal Bilder von höchster Intensität vor unsere Augen, Wahrnehmungen, die sich unauslöschlich einprägen und die – welcher Toskanareisende wollte es leugnen? – süchtig machen mit nur geringen Aussichten auf alsbaldige Heilung. Wiederkommen möchte man, den Sonnenuntergang hinter den schwarz aufragenden Zypressen noch einmal erleben; den Anblick der Hügelketten in all ihren Blau- und Grautönen wieder und wieder einsaugen; die „Skyline“ von San Gimignano im morgendlichen Dunst und die Domkuppel von Siena im Licht des Vollmondes – Bilder, die nicht mehr loslassen. Und man kann es wenden wie man will: fast alle diese manchmal schon klischeehaft erstarrten Eindrükke – sie sind letztendlich doch ganz real und belegen immer wieder aufs neue: eine der schönsten, faszinierendsten und traumhaftesten Kulturlandschaften Europas hat sich in unserer Erinnerung festgesetzt.
Und so liegt zwischen der Heineschen Verweigerungshaltung und dem Eingeständnis Hugo von Hofmannsthals, daß ihm fast die Worte fehlen, allenfalls eine Nuance:

Kaum auszudrücken ist aber erst, was diese Landschaft für Gefühle erregt. [. . .] die Spuren der Menschen, die ewigen unveränderten Hügel und Täler, ja die untergehende Sonne und die Wolken werden hier zu einer Einheit, die Olivenbäume, die Mauern und Burgen, die Friedhöfe, auf denen man sitzt, alles gehört zusammen, ist von keiner Zeit und greift so in einen hinein wie nichts anderes in der Welt.

Rauschhafte Bilder aus wildem Rot unter silbrigem Flirren

Dabei ist die Toskana weit mehr als nur die Abfolge sanfter Hügel mit Rebzeilen und Olivenhainen ringsum. Sie ist zunächst einmal eine der am dichtesten besiedelten und am intensivsten landwirtschaftlich genutzten und kultivierten Gegenden Italiens. Und in den Tälern, vor allem entlang dem Arno, aber auch in den Bannmeilen der großen Städte, prägt die Industrialisierung mit wenig anheimelnden An- und Aussichten die Umgebung. Zwar wird mehr als ein Viertel des toskanischen Bodens landwirtschaftlich genutzt. Aber nur 6,2 Prozent der Erwerbstätigen verdienen dort auch ihr Brot, 36 Prozent dagegen in der Industrie und annähernd 60 Prozent in anderen Gewerben, vor allem in der Gastronomie und den vom Tourismus genährten Dienstleistungsbereichen.

Die rauschhaften Bilder indes, die unsere Vorstellung von der Toskana so nachhaltig prägen, stammen fast ausschließlich aus deren zentralem Teil. Aus jenem Hügelland zwischen Florenz und Siena, das der Arno im Osten und Norden begrenzt, im Westen das Val d'Elsa streift und im südlichen Teil sich gegen die bis zu tausend Meter hohen Colline Metallifere aus dem Jung-Tertiär und gegen die Crete hin abhebt. Eine Hügellandschaft, die sich kaum auf Höhen über fünfhundert Meter aufschwingt, die in heißen Sommern erbarmungslos von der Sonne versengt und in harten Wintern von strengen Frösten heimgesucht wird. Und die ihren ganzen Charme entfaltet in den Übergangsmonaten im Frühjahr und im Herbst. In diesen Jahreszeiten lassen sich alle Schattierungen und Nuancen eines Lichtes erleben, das den auf einer Bergkuppe thronenden Bauernhof einmal scharf gegen den Himmel abzeichnet und dann wieder schemenhaft mit seinem Hintergrund zerfließen läßt. Dann rollt der wilde Klatschmohn unter dem silbrig flirrenden Grün der Olivenbäume einen atemberaubenden roten Teppich aus. Dann explodiert das Gelb der Sonnenblumen, und ein erstes zartes Grün auf Wiesen und Feldern leuchtet in einer warmen Sonne.

Die Böden bieten insbesondere für den Weinbau eine ideale Grundlage. Lehmhaltiger Tuffsteinboden vor allem ist es im südlicheren Teil, tonhaltige Erde und kalkhaltiger Sandstein bilden im nördlichen Chianti alle Voraussetzungen für das Wachstum der Reben auf mineralreichem, aber an organischen Bestandteilen eher ärmlichem Grund. Hier bewahrheitet sich wieder einmal die alte Winzerregel, daß nur eine Rebe, die an ihrem Boden leidet, die aus der Tiefe ihre Versorgung ziehen muß, auch einen großen Wein liefert. Vor allem, weil sich die Zusammensetzung des Bodens häufig und oft in geringen Abständen ändert, manchmal Schieferbeimischungen enthält und manchmal sandigen Lehm, bildet sich eine immense Fülle an Varianten, die ihre ganz speziellen Eigenschaften an die Reben weitergeben. Hinzu kommt das Wetter, eine Mischung aus warmen Meereswinden und dem eher kühlen Klima des Binnenlandes. All dies schafft von Hügel zu Hügel und von Tal zu Tal sich ändernde Mikroklimata, die den Früchten des Landes, allen voran dem Wein, ihren unverwechselbaren Charakter verleihen.

Auch wenn die Toskana fast immer mit ihrem zentralen Hügelland gleichgesetzt wird und allzu viele Besucher nur immer wieder gerade dorthin fahren, den großen Rest des Landes aber links liegen lassen, so ist es doch lediglich ein Teil dieser insgesamt fast 23.000 Quadratkilometer großen Region Italiens. Von den schroffen Bergspitzen der Alpi Apuane im Norden über die Küstenregion der Maremma im Westen bis zu den Tuffsteinbergen im Süden — die einstige Sumpflandschaft des Val di Chiana im Osten nicht zu vergessen —: die Toskana hat viele, sehr unterschiedliche und häufig ganz gegensätzliche Gesichter.

Terra creta — graphische Muster aus mächtigen Schollen — Mondland

Wer südöstlich von Siena die Weinbauzone des Chianti verläßt, wird die Eindrücke nachempfinden können, die der Schriftsteller Otto Julius Bierbaum anläßlich seiner „Empfindsamen Reise" anno 1903 erlebte und die so gar nichts zu tun haben mit dem sanften Hügelland, das hinter uns liegt.

Dienstag, den 3. Juni, sind wir von Siena weitergefahren. Bald hinter der Stadt gab uns die Landschaft ein Rätsel auf, das zu lösen ich leider in der Geologie zu schlecht beschlagen bin. Rings um uns herum nahm die Gegend das Ansehen an, als sei das Erdreich völlig verschwunden und an seine Stelle eine unabsehbare Reihe von Sandhaufen getreten. Alles grau und trist, nur ein leiser Anflug von Grün oder Gelb darauf. Strichweise eine vollkommene Öde, das Bild der Unfruchtbarkeit. Ich stieg ab, um mir den seltsamen Boden näher anzusehen, und fand, daß es sich genau wie trockener Bildhauerton ansah und anfühlte. Der Umstand, daß er mit allerhand Muscheln übersät war, bringt mich auf die Vermutung, daß dieses Land alter Seeboden ist. Stellenweise ist es bebaut, und es nimmt sich wunderlich genug aus, wie dieser harte, rissige Boden, der von weitem wie Stein aussieht, mit dem Pflug bearbeitet ist und wie in den tiefen Furchen, die dieser gerissen hat, und auf den aufgeworfenen Furchenwällen spärlich dünn die Saat aufstrebt. Das heiße ich wirklich der Erde Frucht abtrotzen: es ist ein heroischer Ackerbau, und unsre Bauern würden weidlich dabei fluchen.

Der kleine Landstrich der Crete zwischen Siena und Asciano ist in der Tat so einmalig und so ganz anders als das weiche und harmonische zentrale Rebland ein paar Kilometer weiter nördlich. Er gehört ganz sicher zum Eindrücklichsten, was die Toskana an Landschaftsformationen zu bieten hat. Ein härterer Gegensatz läßt sich auf den ersten Blick — aber eben nur auf diesen ersten Blick — kaum vorstellen. Das ständig von der Bodenerosion bedrohte und von ihr zerfurchte Gebiet gehört zu einer um die 100 Millionen Jahre alten Kreideformation, der die lateinische „terra creta" (gesiebte Tonerde) ihren Namen gegeben hat. In der Tat: im Spätherbst und im Winter, wenn das hie und da angebaute Getreide abgeerntet und das ansonsten spärlich wachsende Gras braun ist, wenn Pflüge den lehmigen Boden aufgerissen haben und die endlosen Reihen mächtiger Schollen ein eintöniges graphisches Muster zeichnen, wenn es dämmrig wird und weit und breit keine Lichter zu sehen sind, dann drängt sich der Vergleich mit einer Mondlandschaft geradezu auf. Unwirklich, fast gespenstisch heben sich dann in mondklaren Nächten auf manchen fernen Bergkuppen vereinzelte Bauernhöfe gegen den Himmel ab, zu denen sich wie von einem Graphiker arrangierte Zypressenreihen hinaufziehen.

Aber wie kaum eine andere Landschaft verändert die Crete ihr Aussehen, indem sie nicht mehr und nicht weniger unternimmt, als sich im Wechsel der Jahreszeiten immer wieder ein anderes Kleid überzuwerfen. War sie in den kalten Monaten öde, grau und abweisend, so legt sie sich mit den Spitzen der Getreideschößlinge und des jungen Grases im Frühjahr einen sattgrünen Mantel um, der sie nun ganz samten geglättet, fast weich und harmonisch aussehen läßt, und in den verstreute Schafherden kleine weiße Muster sprenkeln. Im Sommer dann und im Herbst wechselt alles in das leuchtende Goldgelb reifer Ähren, bis sich im Spätjahr wieder die beige-graue Patina abweisend über das Land legt. Ein höchst eigentümlicher Reiz geht so zu jeder Jahreszeit von diesem nur dünn besiedelten Flecken Erde aus.

Weit spannt sich der Himmel übers toskanische Land und das Tyrrhenische Meer

Zwei Bergkegel, jeder mit einer alten Stadt obenauf und mit Namen, die das Herz eines jeden Weinliebhabers höher schlagen lassen, Montepulciano (Vino Nobile) und Montalcino (Brunello), sind die nächsten markanten Punkte auf dem Weg weiter hinunter in den Süden der Toskana. Der Montalcino, der zwischen den Tälern des Ombrone und des Orcia auf 564 Höhenmeter ansteigt, war schon in etruskischer Zeit besiedelt. Heute krönt die mächtige Fortezza, die aus dem 14. Jahrhundert stammende Burg, den Berg und die Stadt. Für mehrere hundert Sienesen war sie im 16. Jahrhundert Fluchtburg vor Kaiser Karl V., der ihre Heimatstadt belagerte. An klaren Tagen reicht der Blick von hier oben hinüber zum Montepulciano, der sich 600 Meter hoch vor die Ebene des Val di Chiana stellt. Der Ort, vermutlich ebenfalls etruskischen Ursprungs, erhält durch sein mittelalterliches Stadtgefüge, seine zahlreichen Palazzi und seine Barock- und Renaissance-Bauwerke sein ebenso charmantes wie nobles Gepräge. Unweit der Stadt, etwa zwei Kilometer südwestlich, wurde in der ersten Hälfte des 16. Jahrhunderts eine ganz besonders schöne und harmonische Renaissance-Kirche erbaut, die Wallfahrtskirche Madonna di San Biagio. Wenn der ganz aus gelbem Travertin errichtete Bau am Ende einer langen Zypressen-Allee auftaucht, ist der Eindruck auch heute noch überwältigend.

Die Landschaft steigt nun an, bis sie weiter südlich die Spitze des Monte Amiata, des geliebten Berges, erreicht. Niemand weiß, warum er sich in zahllosen Reisebeschreibungen mit seinen 1738 Metern Höhe hartnäckig als der höchste aller toskanischen Berge hält, wo es sich doch ganz im Norden, in den ebenfalls toskanischen Alpi Apuane, auf runde 2000 Meter Meereshöhe hinaufklettern läßt. Wie auch immer: ein beeindruckender Bergkegel ist der erloschene Vulkan allemal, und die Wasser, die sein poröses Gestein aus zahllosen Quellen sprudeln läßt, werden bis nach Siena und Grosseto geleitet. An manchen Stellen kommen sie auch vulkanisch aufgeheizt an die Erdoberfläche und verhelfen somit, wie im etwas südlicher gelegenen Saturnia, zu wohltemperierten Badefreuden im Freien. Seine Quecksilbersulfid-Vorkommen wurden schon von den Etruskern abgebaut und als Grundlage für die Gewinnung von Farbstoffen genutzt. Wer Rundblicke von beeindruckender Weite und Intensität liebt, darf die Anfahrt zum stählernen Gitterkreuz auf dem Gipfel nicht scheuen: Umbrien, die Abruzzen, das Tyrrhenische Meer, in der Ferne ist Elba zu erkennen – wo sonst spannt sich der Himmel höher und weiter über das toskanische Land?

Arcipelago Toscano – mediterranes Flair über erzhaltiger Erde

Elba – es lohnt, dem Festland einmal für ein paar Tage den Rücken zu kehren, dem Arcipelago Toscano einen Besuch abzustatten, etwas Seeluft zu atmen und solcherart gestärkt die Erkundung des Landesinnern danach wieder aufzunehmen. Eine zehn Kilometer breite Wasserstraße trennt die Küste von der Hauptinsel des Archipels, die durch ihren unfreiwilligen Gast Napoleon einige Berühmtheit erlangt hat. Das 223 Quadratkilometer große Eiland erhielt der nach seinem Rußland-Desaster abgesetzte Kaiser sozusagen als Privatspielzeug mit vollen Souveränitätsrechten, als Mini-Kaiserreich und in der Hoffnung, ihn künftig von für den Rest der Welt folgenschweren Entschlüssen abzubringen. Da sein Tatendrang ungebremst war, organisierte er den Straßenbau ebenso wie Handel und Landwirtschaft. Die Einwohner waren ihm ob der damit einhergehenden, für alle greifbaren Verbesserungen durchaus wohlgesonnen, und noch heute, viele Generationen später, findet sich kaum ein Inselbewohner, der das kurzfristige Interregnum ernsthaft bedauern würde. Daß er seinerzeit gelegentlich mit einer Kutsche umherfuhr und Goldmünzen unters Volk streute, wurde allgemein geschätzt. Schon zehn Monate später jedoch hielt es ihn nicht mehr auf der Insel. Mit Veteranen, denen sich schon bald wieder Offiziere und Soldaten anschlossen, zog er noch einmal in seine endgültig letzte Schlacht, verlor bei Waterloo vernichtend, um wenig später in der Verbannung auf St. Helena zu sterben. Im Inselhafen Portoferraio, dem „Eisenhafen“, wird in der Kirche Misericordia, die sinnigerweise in der Via Napoleone liegt, dem Herrscher von einst noch alljährlich am 5. Mai eine Seelenmesse gelesen. Eine Nachbildung seines Sarges und ein Abguß seiner Totenmaske werden bis auf den heutigen Tag wie Reliquien im Kircheninnern aufbewahrt. Und auch an anderen Orten ist er nach wie vor präsent: Der höchste Punkt der Stadt heißt Piazza Napoleone. Und die Villa Molini, Napoleons ehemalige Residenz, beherbergt noch seine Bibliothek und eine Reihe weiterer Erinnerungsstücke.

Die bergige Insel ist ganz mit einer üppigen, mediterranen Vegetation aus Palmen, Olivenbäumen, Agaven und Feigenkakteen überzogen. Im Inneren der Insel lagern Erzvorkommen, die schon von den Etruskern ausgebeutet und auf dem Festland bei Polpulonia verarbeitet wurden. Die Erzlager sind so üppig, daß sich ihr Abbau auch heute noch lohnt. Das aus unzähligen Schloten qualmende Wahrzeichen hierfür ist heute die Industriestadt Piombino. Das Erz und die strategisch wichtige Lage der Insel haben ihr im Laufe der Geschichte ständig wechselnde Herrscher beschert. Die Herren von Pisa, Genua und Lucca wechselten sich nacheinander ab, 1736 fiel sie an Spanien, bis sie auf dem Wiener Kongreß endgültig dem Großherzogtum Toskana zugesprochen wurde. Immer wieder öffnen sich weite Ausblicke auf die anderen Inseln des Archipels, von denen Capráia, Pianosa, Montecristo und Giglio die größten sind. Vor Urzeiten gehörte auch noch das reizvolle Monte Argentario dazu. Anschwemmungen haben es längst mit der Küste verbunden.

Maledetta Maremma, Verdammte Maremma – die herbe Schönheit des toskanischen Südens

Zurück auf dem Festland, zieht uns ein Landstrich von wiederum ganz eigenem Reiz in seinen Bann, entlang der Küste des Mittelmeeres, etwa von Cecina im Norden bis fast nach Civitavecchia hinunter, das bereits in der Region Latium liegt: Die Maremma (marittima – am Meer gelegen), das zum Meer gehörende Land, der ehemalige Sumpf, die herbe Schönheit des toskanischen Südens.

Im veilchenfarbenen Dunst des Sonnenunterganges hob sich mählich ein leichter Nebel aus den Sümpfen. Talabwärts ertönte der heisere Ruf einer Bucina, vom Widerhall des Echos aus den nahen Eichenwäldern ins Riesenhafte vergrößert, bis er langsam zur Küste hin verklang. Das Meer war unsichtbar, doch weithin hörbar in seinem tobenden Anprall gegen die Felsklippen. Nur nach Westen hin sah man durch die Stämme der Pinien einen Schimmer von Gold. Im Laub des Buschwaldes raschelten die schwarzen Schweine; sie kamen zum Gehege gelaufen, herbeigerufen vom heiseren Ton der Bucina – heute wie vor tausend Jahren.

Luigi Ugolinis wehmütiges Buch „Abschied von der Maremma" aus dem Jahre 1960 beschreibt einen Landstrich, der sich mit seinen Sümpfen immer wieder und auf lange Zeit der Besiedlung widersetzt hat. Erstmals gelang es den Etruskern, mit Entwässerungskanälen Teile davon trockenzulegen und so bewohnbar zu machen. Die Maremma wurde zum Zentrum des etruskischen Reiches. Später, als das römische Reich zerfiel, verkamen auch die Entwässerungsanlagen, und das Land versumpfte erneut. Die schlechte Luft, die mal aria, die Malaria, die aus den Sümpfen hochstieg, vertrieb die Einwohner wieder zurück in die höher gelegenen Regionen, wo ihnen die frische und saubere Bergluft das Überleben sicherte. Von der Todesangst, die das Sumpffieber verbreitete, erzählt ein altes Volkslied:

Tutti la chiamano Maremma, Maremma,
ma a me mi pare una Maremma amara.
L'uccello che ci va perde la penna,
io c'ho perduto una persona cara.
Sempre mi piange il cuor' quando ci vai,
perche io ho paura che non torni mai.
Sia maledetta Maremma, Maremma,
sia maledetta Maremma chi l'ama.

Alle nennen sie Maremma, Maremma,
Aber mir scheint es eine bittere Maremma zu sein.
Der Vogel, der dort fliegt, verliert sein Gefieder.
Ich selbst habe dort einen teuren Menschen verloren
Und zittere jedes Mal, wenn Du dorthin gehst,
Denn ich habe Angst, daß Du nie mehr zurückkehrst.
Sei verdammt, Maremma, Maremma,
Sei verdammt, wer die Maremma liebt.

Erst in den sechziger Jahren unseres Jahrhunderts, mehr als 2000 Jahre nach der etruskischen Zivilisation, gelang es endgültig, die Maremma, den wilden Westen der Toskana, trokkenzulegen und sie mit wachsendem Erfolg auch landwirtschaftlich zu nutzen. Weitgehend verschwunden sind im Zuge dieser Veränderungen aber auch die zahlreichen Herden halbwilder Pferde und Büffel. Bilder, die an die Camargue erinnern, haben, wie auch dort, mittlerweile Seltenheitswert. Im Naturschutzgebiet „Monti dell' Uccellina", einer kleinen Hügelkette, die sich nördlich von Talamone über eine Länge von 15 Kilometern am Ufer entlang hinzieht, läßt sich die alte, wilde Maremma erahnen.

Magische Orte über brüchigem Stein – Häuser wie von der Natur gebaut

Das Landesinnere im tiefsten Süden der Toskana lockt vor allem mit drei magischen Orten: Sovana, Sorano und Pitigliano, allesamt Tuffsteinstädte, die spektakulär aus der Ebene aufsteigen, deren Häuser aus dem rötlich-braunen, weichen und porösen Gestein emporstreben, gerade so, als seien sie nicht von Menschen gebaut, sondern als habe sie die Natur nach oben wachsen lassen. Kaum erkennbar, wo der Fels aufhört und das Mauerwerk anfängt. Und die Hochplateaus selbst, auf denen die Städte thronen, sind durchlöchert wie ein Schweizer Käse. In den Fels gehauene, meist ausgetretene Treppen führen hinab in die Keller der Häuser. Jahrhundertealte Wein- und Olivenölkeller dienen noch immer als Lagerräume. Und die Neuzeit hat ganz einfach Garagen in den vulkanischen Stein gehauen. Von den drei Städten scheint Sorano mittlerweile dem Verfall geweiht. Schon unter mehreren Gebäuden, die direkt am Abhang standen, hat der Stein nachgegeben und sie mit ins Tal gerissen. Sovana hat sich als Touristenstädtchen herausgeputzt. Allein Pitigliano lebt, und durch seine engen Gäßchen pulsiert der Alltag wie eh und je. Caletra hieß es in etruskischer Zeit, und noch immer thront es über den tiefen Tälern von Meleta, Leuta und Porchio. Aus dem päpstlichen Rom vertriebene Juden fanden hier lange Zeit einen sicheren Zufluchtsort, und noch heute hat Pitigliano eine jüdische Gemeinde. Im 19. Jahrhundert hieß der Ort deshalb auch „Klein-Jerusalem".

Aus dem wenig bekannten Süden in den ebenfalls häufig kaum beachteten Norden der Toskana: der Weg dorthin könnte über die Städte Grosseto, Massa-Marittima, Siena, San Gimignano, Volterra und Pisa führen, vom Ombrone-Tal hinauf durch die Colline Metallifere, die erzhaltigen Hügel, und dann durch das Bergland wieder hinab zur Arno-Mündung. Die Colline Metallifere zwischen Volterra und Massa Marittima bilden das geologisch älteste Gebirge der Toskana, nur dünn besiedelt und mit schwefligem Geruch über der Teufelsebene bei Larderello. Ein unüberschaubares Durcheinander von silbrig glänzenden Druckleitungen zieht sich hier durchs Land, hügelauf, talabwärts: das größte geothermische Kraftwerk der Erde nutzt die im Überfluß vorhandene Erdwärme aus.

Grosseto ist die Hauptstadt der gleichnamigen, größten und

gleichzeitig wahrscheinlich unbekanntesten Provinz der Toskana. Ein mittelalterlicher Stadtkern mit einem Dom aus dem 14. Jahrhundert sowie das achteckige Bollwerk der Medici-Festung prägen die Stadt in der Ebene des Ombrone-Flusses. Die Stadt Massa Marittima liegt trotz ihres Namens nicht am Ufer, sondern 24 Kilometer landeinwärts. Auf einem Ausläufer der Colline Metallifere erbaut, erlebte die Stadt schon im 13. Jahrhundert als freie Kommune mit der Republik Massa eine ihrer Glanzzeiten. Mit Metallverarbeitung aus dem erzhaltigen Hinterland wurde sie reich, ein Reichtum, der sich noch heute in der großzügigen Stadtplanung und den prächtigen Palazzi rund um den Domplatz herum nacherleben läßt.

Antike Leidenschaften und Kampfeslust auf Italiens schönstem Platz, der Piazza del Campo in Siena

Das Palio-Fest in Siena, das jährlich zweimal, im Juli und August, stattfindet, ist nicht nur ein Pferderennen, obwohl das Fest schließlich in diesem drei Minuten langen Wettkampf gipfelt, der Palio ist auch nicht eigentlich ein religiöses Fest, obwohl die Pferde vor dem Rennen feierlich in den Kirchen der Stadt eingesegnet werden – der Palio ist auch nicht etwa lediglich eine große Schaustellung, obwohl es etwas Ähnliches an wiederentdeckter mittelalterlicher Farbenpracht kaum gibt – der Palio ist einfach Geschichte. [. . .] Der Palio ist das Wettrennen, in dem die siebzehn Stadtviertel, die Contraden Sienas, ihre Pferde gegeneinander laufen lassen und in dem die Reiter der einzelnen Contraden, die Fantini, auf dem herrlichsten Platz der Stadt erbittert miteinander kämpfen.

Kasimir Edschmid hat das bekannteste aller toskanischen Feste in „Italien – Lorbeer, Leid und Ruhm" beschrieben. Und es ist in der Tat kaum möglich, von Siena und seinem berühmtesten Platz, der Piazza del Campo – für viele übrigens der schönste Platz nicht nur der Stadt, sondern ganz Italiens – zu sprechen, ohne den Palio zu erwähnen. Der Palio ist nicht nur ein touristisches Schauspiel. Er zeigt die Seele der Stadt, in der sich antike Leidenschaften, Kampfeslust und Temperament mischen.

Da stehen sie, startbereit zwischen den Seilen, um letzte Bündnis- oder Neutralitätsbekräftigungen zu tauschen, sich zum letzten Verrat anzubieten, zur äußersten Korruption; und ihren knappen konventionellen Gesten, nie mehr als zwei oder drei Finger kurz vorgestreckt, ihren drohenden oder hämischen Blicken, ihren abgehackten Worten, hervorgestoßen zwischen kaum geöffneten Lippen, entspricht die Nervosität der Pferde, das Beben der Flanken, das Scharren der Hufe, das ständige Hin und Her und Vor und Zurück, das jähe Aufbäumen. Diesmal ruft der Böller die Gestarteten nicht zurück, und von ihrem Balkon aus sieht Valeria die wilde Schar in vollem Lauf herangaloppieren, die Pferde gestreckt in höchster Anspannung der Kräfte, die Jockeys verbissen über die Mähnen gebeugt. Sie fühlt sich selber wie mit ihnen losgeschossen, zuckt und zittert mit ihnen, trippelt und zappelt und klammert sich ans Geländer wie an einen Zügel. (Carlo Fruttero und Franco Lucentini, „Der Palio der toten Reiter.")

Die einzigartige Muschelform des Platzes ergibt sich aus seiner Lage auf dem Schnittpunkt der drei Hügelrücken, auf denen sich Siena erhebt. Der einen Steinwurf entfernt gelegene Dom sollte ursprünglich zum größten gotischen Bauwerk Italiens werden. 1339 beschloß die Bürgerschaft, den bereits bestehenden, mächtigen Chor als Querhaus in ein monumentales, über hundert Meter langes Kirchenschiff zu integrieren. Statische Probleme mit den Fundamenten und die Pest machten dem ehrgeizigen Projekt alsbald den Garaus. Der uralte Streit zwischen dem ghibellinischen Siena und dem guelfischen Florenz scheint selbst bis in unsere Tage bei den Besuchern der beiden Städte nachzuwirken. Kaum ein Thema läßt sich zwischen Toskana-Enthusiasten mit mehr Verve diskutieren als die Frage, welche der beiden Städte denn nun die schönere sei.

San Gimignano ist ohne Zweifel ein Sonderfall. Auch wenn von den ursprünglich 72 Festungstürmen nur noch 14 übriggeblieben sind, so ist die Stadt doch unvergleichbar. Schon die Annäherung an sie zeitigt magische Wirkungen, die den Schriftsteller Wilhelm Speyer anno 1932 zu gar abenteuerlichen Vergleichen hinriß:

In dieser Stadt, die man in sieben Minuten von Tor zu Tor durchquerte, hatten die einstigen Adelsgeschlechter Turm an Turm gereiht. Stand man des Abends in der Ebene, so glich die Stadt einer Fabrikanlage unserer Epoche. Drohend ragten ihre nahe beieinanderliegenden Türme wie kubische Essen in die Luft. Im Flimmern der Mittagslichter schnitten manche Türme mit ihren scharfen Kanten wie eine Schar von unmenschlichen, nie gesehenen, dicht zusammengedrängten Steinwaffen aus dem Arsenal der Cyclopen in den Himmel.

Auf dem höchsten Punkt eines langgestreckten Bergrückens gelegen, weisen die Geschlechtertürme dem Ankommenden schon von weither sichtbar den Weg. Innerhalb der Stadtmauern ist San Gimignano erhalten geblieben wie kaum eine andere toskanische Stadt. Obwohl sich Siena und Florenz in der Herrschaft über die Stadt abwechselten, hat es sich einem zu weitgehenden Einfluß beider Städte widersetzen können. Und so hat nicht einmal die Renaissance in die Stadtmauern Einzug gehalten. Ein einmaliges mittelalterliches Stadtgefüge ist dadurch erhalten geblieben.

Die Etruskerstadt Volterra liegt auf dem höchsten Berg im Schnittpunkt des Era- und des Cecina-Tales. Als Velathri wurde es als eine der ältesten etruskischen Ansiedlungen in einer Umgebung mit reichen Metallvorkommen gegründet. Wirtschaftliche Prosperität führte es im etruskischen Zwölf-Städte-Bund im 5. und 4. Jahrhundert v. Chr. zu einer herausragenden Stellung mit einem Herrschaftsgebiet, das sich zeitweilig bis nach Elba und Korsika ausdehnte. Eines der ältesten Baudenkmäler, das an diese Zeit erinnert, ist der Arco Etrusco, ein Tor der antiken Stadtmauer. Die Quadersteine und die in Stein gehauenen Köpfe stammen aus dem 4. Jahrhundert v. Chr. Die von den Etruskern zur Blüte entwickelte Kunst des Alabasterschleifens ist noch heute eine wichtige Einnahmequelle der Stadt – mit den allerdings in erster Linie kitschigen Produkten einer handwerklichen Massenherstellung. Als die Herstellung von Fensterglas noch unbekannt war, haben dünngeschliffene Alabasterplatten, die noch heute in vielen Kirchen zu sehen sind, für bescheidenen Lichtdurchlaß gesorgt.

Irdische Geheimnisse und himmlische Phänomene – Galileo Galilei und der Torre Pendente

Er ist der berühmteste Sohn der Stadt und ihr berühmtestes Bauwerk diente ihm schon vor 400 Jahren als Experimentierfeld für seine Studien vom freien Fall: Galileo Galilei und der Torre Pendente, der Schiefe Turm zu Pisa. Und obwohl sich sein Weltbild endlich im Jahre 1992, immerhin 359 Jahre nach seiner Verurteilung, selbst in den Spitzen des katholischen Klerus durchgesetzt hat, sind die Ursachen für die sich ständig verschärfende Neigung des Turmes bis heute nicht abschließend geklärt. Schlechter Untergrund, geheimnisvolle alte Gräben und viele andere Möglichkeiten und Theorien haben uns die Experten in den vergangenen Jahrzehnten als Erklärung angedient und wieder verworfen.
Mark Twain hat sich dem „seltsamsten Bauwerk der Welt“ mit Respekt und einigem Erstaunen genähert. Und jeder, der den Turm zum ersten Mal sieht, muß zugeben: er ist noch viel schiefer als man sich ihn vorgestellt hatte.

In Pisa stiegen wir zur Spitze des seltsamsten Bauwerkes empor, das die Welt kennt – des Schiefen Turmes. Wie jedermann weiß, ist er etwa fünfundfünfzig Meter hoch – und ich bitte zu beachten, daß fünfundfünfzig Meter etwa die Höhe von vier übereinandergesetzten normalen dreistöckigen Gebäuden ist. Für einen Turm mit durchweg gleichem Durchmesser ist das eine recht bemerkenswerte Höhe, selbst wenn er aufrecht steht – aber dieser neigt sich um mehr als dreizehn Fuß aus der Lotrechten. Er ist siebenhundert Jahre alt, aber weder die Geschichte noch die Überlieferung sagen etwas darüber, ob er absichtlich so gebaut worden sei, wie er steht, oder ob sich eine Seite gesenkt habe. Es gibt keine Aufzeichnungen, die besagen, daß er jemals gerade gestanden habe. . . . Es ist ein Glockenturm, und in seiner Spitze hängt ein altes Glockenspiel. Die runde Treppe innen ist dunkel, aber man weiß immer, auf welcher Seite des Turmes man sich befindet, weil man so, wie der Turm sich hebt und senkt, ganz natürlich von einer Seite der Treppe zur anderen pendelt. Einige Steinstufen sind nur an einer Seite ausgetreten, andere nur auf der anderen Seite, andere nur in der Mitte. Wenn man vom Dach des Turmes hinabschaut, ist es, als blicke man in einen schrägen Brunnen. Ein Seil, das von der Mitte des Daches herabhängt, berührt die Mauer, ehe es die Erde erreicht. Wenn man ganz oben steht und an der hohen Seite hinabschaut, ist einem nicht so ganz wohl; aber wenn man auf der anderen Seite auf dem Bauch an den Rand kriecht und versucht, den Hals weit genug auszustrecken, um den Fuß des Turmes zu sehen, bekommt man eine Gänsehaut und ist entgegen aller Einsicht einen kurzen Augenblick lang überzeugt, daß der Bau umstürze. Man bewegt sich die ganze Zeit über sehr vorsichtig unter dem törichten Eindruck, daß, falls er noch nicht umstürze, das eigene unbedeutende Gewicht ihn dazu bringen werde, wenn man nicht sorgfältig darauf achte, sich „leicht“ zu machen.

Nicht weniger fasziniert hat Mark Twain das in der Tat unglaubliche Echo, das von der Kuppel des Baptisteriums zurückkommt und das geradezu körperlich spürbar werden kann.

Der Führer ließ zwei klangvolle, etwa eine halbe Oktave auseinanderliegende Töne erklingen, das Echo antwortete mit der bezauberndsten, angenehmsten, vollsten Mischung lieblicher Töne, die man sich denken kann. Es klang wie ein langgezogener, durch große Entfernung unendlich gedämpfter Akkord einer Kirchenorgel. Ich mag in diesem Fall übertreiben, aber wenn dem so wäre, so wäre mein Gehör daran schuld, nicht meine Feder.

Fast ebenso farbenprächtig wie der Sieneser Palio, nur lange nicht so bekannt, sind die beiden historischen Regatten auf dem Arno. Die Regatta der antiken Seerepubliken Pisa, Genua, Amalfi und Venedig wird im Turnus reihum ausgetragen und kommt so alle vier Jahre in die Stadt. Die gegnerischen Mannschaften aus jeder Stadt treten zu einer Wettfahrt flußabwärts an. Und jedes Jahr am 17. Juni findet die Regatta von San Ranieri statt. Aus allen Stadtvierteln nehmen Mannschaften in historischen Gewändern daran teil. Die festliche Beleuchtung der Uferpromenade am Vorabend gehört zu einem bei allen Pisanern beliebten Spektakel.
Wenige Kilometer nördlich von Pisa ist der flache, schilfbewachsene Lago di Massaciuccoli, ein Kleinod und Refugium – eine jener kleinen Fluchten, derer man so dringend bedarf, wenn man von der schieren Fülle romanischer Baukunst auf der Piazza dei Miracoli erdrückt zu werden droht. Der kleine See, Naturschutzgebiet und ein Paradies für Vögel, kann mit Booten erkundet werden. Torre del Lago Puccini, der kleine Ort am See, hat seinen Beinamen dem Komponisten Giacomo Puccini zu verdanken, der hier lange Jahre gelebt hat.

Zweihundert Millionen Jahre alt, rein und makellos, vergleichbar nur dem Schnee

In Pisa steht es an die Fassade des Doms geschrieben: „Dieser Tempel aus weißem Marmor hat nichts Vergleichbares, außer Schnee.“ Ewigen Schneefeldern gleichen auch die Marmorbrüche weiter nördlich in den Alpi Apuane bei Carrara. Der makellos weiße Stein war für einen Bildhauer von jeher das Größte, was er unter Hammer und Meißel bekommen konnte. Ein überdurchschnittlich sauerstoffreiches Meerwasser hat wohl vor 200 Millionen Jahren dafür gesorgt, daß die organischen Überreste von Muscheln und Fischen, die sich dort ablagerten, vollkommen abgebaut werden konnten und dadurch ein ganz reiner Kalkstein entstand, der sich unter dem Druck späterer Erdverschiebungen zum schönsten Marmor verdichtete. Michelangelo Buonarrotti ließ es sich nicht nehmen, sich selbst in den Steinbrüchen die edelsten Blöcke aus rein weißem „Statuario“ für seinen „David“, seine „Pietà“ und seinen „Bacchus“ zu sichern. Für ihn, den Meister aller Meister, waren bereits die fertigen Figuren darin eingeschlossen, die nur noch herausgearbeitet werden mußten.
Auf der Rückseite der Alpi Apuane zieht sich die Garfagnana, ein Landstrich entlang dem Fiume Serchio, langsam in die Höhe. Endlose Kastanienwälder bedecken die Berghänge, bis oberhalb der Baumgrenze der nackte Fels hervorscheint. Eine der ältesten Brücken Italiens, die Ponte del Diavolo, die Teufelsbrücke aus dem 11. Jahrhundert, überspannt den Fluß kurz hinter Borgo a Mozzano. Der Rhythmus ihrer vier unterschiedlich großen und für die damalige Zeit kühnen

Bögen beeindruckt noch heute. Bagni di Lucca, Heines kurzfristiges Refugium in einem Nebental des Serchio, hat, so möchte es dem heutigen Besucher scheinen, die besten Jahre hinter sich. Bei englischen Großbürgern, Künstlern und Industriellen stand es im 19. Jahrhundert jedoch in hohem Ansehen. Das 1838 im Stil eines französischen Lustschlosses erbaute Casino Municipale mit einem der ersten Roulette-Tische Europas kündet von jenen besseren Zeiten.

Der Enge der Stadt entflohen – prächtige Palazzi in traumhaften Gärten

Die Einwohner von Lucca gelten als besonders fleißig. Seit Montaignes bissigem Seufzer anno 1585 hat sich nicht viel geändert: „Man kann die Gesellschaft der Luccheser nicht genießen, weil alle, bis auf die Kinder, ständig mit ihrer Arbeit beschäftigt sind.“ Wenn jedoch an einem lauen Frühlingsabend die halbe Stadt auf der vollständig erhaltenen, vier Kilometer langen Befestigungsmauer aus dem 16. Jahrhundert flaniert, wird dieser Eindruck auf der Stelle revidiert. Von hier, oder noch besser vom baumbestandenen Torre Guinigi herunter, erschließt sich das innerhalb des Schutzwalles vollständig erhaltene Stadtbild am eindrucksvollsten. Dabei wird häufig übersehen, daß ein sehr bedeutender Bestandteil Luccheser Architektur außerhalb der Stadtmauer liegt: die Villen von Lucca. Hier, auf dem Land, ohne auf die Beengtheit der Innenstadt Rücksicht nehmen zu müssen, konnten die Architekten der reichen Familien ihre schönsten Pläne verwirklichen. So entstanden vor allem im 17. und 18. Jahrhundert prachtvolle Landsitze inmitten wunderschöner Parkanlagen, wie die Villa Reale in Marlia, die Villa Mansi in Segromigno, die Villa Torrigiani in Camigliano und die Villa Garzoni in Collodi.

Von Montecatini, dem mondänen Bade- und Kurort, dem Baden-Baden der Toskana, oder von der quirligen Provinzstadt Pistoia aus gilt ein Abstecher dem Monte Albano und vor allem Vinci, wo Leonardo in einem Bauernhaus als Kind eines Florentiner Notars und eines Bauernmädchens zur Welt kam. Die einstige Stadt der Schmiede und Leineweber hat ihrem großen Sohn mit dem städtischen Museum ein kleines, aber feines Denkmal gesetzt: Dutzende der technischen Skizzen, die Leonardo zu allen erdenklichen Projekten angefertigt hat, seien es nun Waffen, Fluggeräte, Brückenkonstruktionen, Ölpressen oder Getriebe, wurden als bewegliche Modelle nachgebaut und offenbaren so den ganzen Erfindungsreichtum des Genies.

Florenz, die Stadt, die an unserem Weg liegt ins Casentino und nach Arezzo, die Stadt, zu der fast alles gesagt, fast alles geschrieben ist – Mark Twain hat ihr einige despektierliche Äußerungen ins Stammbuch geschrieben, die nicht in Vergessenheit geraten sollten:

Schauen Sie sich den großen Dom von Florenz an – ein riesiges Gebäude, das seit fünfhundert Jahren die Börsen seiner Bürger aushöhlt und noch nicht annähernd fertig ist. Wie alle anderen Leute fiel ich nieder und betete es an; aber als die schmutzigen Bettler um mich herumschwärmten, war der Gegensatz allzu auffallend, allzu sprechend, und ich sagte: „O Söhne des klassischen Italiens, ist der Geist der Unternehmungslust, des Selbstvertrauens, des edlen Strebens ganz und gar in euch erloschen? Fluch eurer trägen Unwürdigkeit, warum beraubt ihr nicht eure Kirche?“ Dreihundert glückliche, behaglich lebende Priester sind im Dom beschäftigt.

Ein etwas freundlicheres Lied hat der toskanischen Hauptstadt, die den Beinamen „la bella“, die Schöne, trägt, Dino Compagni zu Beginn des 14. Jahrhunderts in seiner „Cronica delle cose occorrenti ne' tempi suoi“ gesungen:

Selbige Stadt Florenz ist sehr volkreich und mehret sich um ihrer guten Luft willen; die Bürger sind wohlgesittet, die Frauen sehr schön und reich geschmückt; die Behausungen sind prächtig, voll aller Gewerbe zu Nutz und Ergötzen mehr denn andere Städte Italiens. Um welcher Dinge viele von weither kommen die Stadt zu sehen, nicht gezwungenerweise, sondern um der Vortrefflichkeit willen der Gewerbe und Künste und der Stadt Schönheit und Zierde zuliebe.

Die vielen, die damals von weither kamen, wurden im Laufe der Jahre immer mehr, und heute ist zur Hauptferienzeit kaum noch ein Durchkommen, wenn sich die Touristenströme zu den schönsten Plätzen und den prächtigsten Gebäuden der Perle am Arno drängen. Ob überfüllt an Ostern und im Sommer oder etwas ruhiger im Frühjahr und im Herbst – die Piazza della Signoria, das einstige Forum der Republik, überragt vom 94 Meter hohen Turm des Palazzo Vecchio, ist noch immer Zentrum des städtischen Lebens und quirlig von früh bis spät. Direkt nebenan stehen Palazzo und Galleria degli Uffizi, von Vasari in der zweiten Hälfte des 16. Jahrhunderts erbaut und heute Hort einer der bedeutendsten Kunstsammlungen der Welt. Hier können nicht nur alle Florentiner Malerschulen bewundert werden, auch venezianische, niederländische und altdeutsche Meister beherbergt das ehemalige Verwaltungsgebäude. Ein Muß ist der Dom mit Filippo Brunelleschis gewaltiger, doppelschaliger Kuppel, erbaut zwischen 1420 und 1434. Im Inneren der Doppelwand läßt sich, mit zunehmender Schräglage, das gewaltige Bauwerk bis zum Scheitelpunkt der Kuppel besteigen. Der Ausblick von dort oben lohnt ebenso wie der von der Piazzale Michelangelo am anderen Arnoufer, von wo der Blick über die ganze Stadt bis hinauf zur Etruskergründung Fiesole und hinab ins Arnotal reicht. Die Ponte Vecchio hat als einzige Arnobrücke die Sprengsätze der deutschen Soldaten im Zweiten Weltkrieg überlebt. Mit ihren Arkaden und kleinen Häuschen ist sie seit Ende des 16. Jahrhunderts das Zentrum der Goldschmiede.

Im Casentino nördlich von Arezzo haben sich – ähnlich wie in der Garfagnana – die riesigen Wälder gehalten, die früher den gesamten Apennin bedeckt hielten. Vor allem Buchen, Kastanien und Eichen prägen das Bild. Die Bergeinsamkeit hat schon immer Einsiedler, selbsternannte Heilige, Aussteiger und Zivilisationsmüde angezogen. Einer der berühmtesten, Franz von Assisi, hat sich um 1222, nachdem er die Leitung des von ihm gegründeten Mönchsordens abgegeben hatte, nach La Verna zurückgezogen, etwa 60 Kilometer nördlich von Arezzo, auf den „rohen Fels, der den Arno vom Tiber trennt“, wie Dante Alighieri den Ort nannte. La Verna ist heute ein

berühmter Wallfahrtsort. Und dann Sansepolcro, im Val Tiberina, fast schon in Umbrien gelegen. Es gibt kein Pardon: sich durch tausend Kurven dem Certone entlang in diesen westlichen Zipfel der Toskana vorzuarbeiten, ist Pflicht. Im Stadtmuseum hängt „das bedeutendste Bild der Welt" (Aldous Huxley). Piero della Francesca, einer der wichtigsten Maler und Theoretiker der Frührenaissance, hat den auferstehenden Christus gemalt, wie es vor ihm noch keiner gewagt hatte: Nicht königlich-entrückt, nicht mittelalterlich leidend, sondern ernst, streng, mit geradezu kriegerischen Gesichtszügen.
Arezzo, älter als Rom und eine der wichtigsten Städte im etruskischen Bund der Zwölf, liegt hoch über den Tälern von Arno, Tiber und Chiana. Und auch hier sind bedeutende Werke des Piero della Francesca zu sehen in der nach ihm benannten Basilika, darunter das berühmte Fresko „Triumph des Kreuzes". Plinius der Jüngere mag von hier oben hinab ins Tal geschaut haben, als er im 1. Jahrhundert in einem seiner Briefe notierte:

Stellt euch ein großes Amphitheater vor, wie nur die Natur es hervorbringen kann. Eine riesige, weit geöffnete Ebene wird von Bergen eingerahmt, deren Gipfel von uralten Hochwäldern gekrönt sind; alle Arten von Wild gibt es dort in Fülle. Buschwald wächst auf den Abhängen. Die fruchtbaren Hügel, die sich anschließen, tragen eine dicke Schicht des besten Bodens und stehen den Feldern, die in der überaus gleichförmigen Ebene liegen, an Ertragfähigkeit nicht nach. Am Fuße der Hügel breiten sich nach allen Seiten Weinberge aus, die Felder können nur mit riesigen Ochsen bearbeitet werden . . .

Ein Bild wie aus unseren Tagen — bis auf die Ochsen.

Eine bedrohliche Wolkenfront über dem kargen Land der Crete. Starke Regengüsse werden die Bodenerosion wieder ein kleines Stück weiter vorantreiben.

Bei Buonconvento am südlichen Rand der Crete: Terra creta, gesiebte Erde. Ein Bild der Unfruchtbarkeit.

Die Crete im Wechsel der Jahreszeiten. Während sie der Spätherbst in ein tristes Braun kleidet, legen ihr im Frühjahr die Sprossen des Getreides einen sattgrünen Mantel um.

Sfumato – jener Dunst, der die Maler der Renaissance nicht losließ – hier legt er sich wie ein Weichzeichner über die Hügelketten bei Volterra.

Ein erstes hauchzartes Frühlingsgrün von Getreideschößlingen zeigt sich auf den Feldern bei San Giovanni d'Asso.

Herbststimmung bei Pienza. Vor der auf einem Bergrücken gelegenen Renaissance-Stadt breitet sich fruchtbares Ackerland aus.

Traum oder Wirklichkeit – in den unendlich feinen Farbnuancen der Hügellinien bei Vittoria vermischen sie sich.

Vorboten des nahen Winters. Die Bäume haben ihr Laub verloren, Nebel steigt auf und kleidet alles in wattiges Grau.

Typisch für die Toskana: Eine aufs Minimum reduzierte Landschaft – Boden und Baum unter weitem Himmel – wie hier bei Mucigliani.

Nächste Seite:

Wie ein wärmender und schützender Pelz hat sich das herbstliche Gras über die von Bodenerosion bedrohten Hügel der Crete gelegt.

Nahe der Etruskerstadt Volterra. Das Gebiet zwischen den Flüssen Era und Cecina war schon in prähistorischer Zeit besiedelt.

Bäuerliche und kulinarische Toskana — Von der Chianti-Formel, jungfräulichem Olivenöl und der Ribollita

„Il proprietario di campagna trema sei mesi dal freddo e sei dalla paura." Ein uraltes toskanisches Sprichwort, das uns die Sorgen und Nöte der Landbevölkerung nahebringt: sechs Monate des Jahres zittert der Bauer vor Kälte, die anderen sechs vor Angst.

Gegen das Übel Nummer eins, die Kälte, wußte man schon frühzeitig Abhilfe zu schaffen. Ein trautes, ein fast heimeliges Bild wird uns überliefert aus alten toskanischen Bauernhöfen. Da sitzt die ganze Familie an kalten Winterabenden nicht etwa am Herd oder auf der Bank entlang dem Kachelofen. Sie hockt vielmehr mitten drin, im warmen Zentrum der Behaglichkeit direkt unter dem schützenden Dach des großen, begehbaren, offenen Kamines, in dem ein kleines Feuer Wärme und Licht ausstrahlt. Dieser Kamin, typisch für toskanische Bauernhäuser, ist oft zwei bis drei Meter lang und ein bis zwei Meter tief, von einen Dach überwölbt, das den Rauch einfängt und direkt in den Kamin darüber weiterleitet. Er ist der zentrale Ort in jedem Bauernhaus. Und weil er so groß und so geräumig ist, können Bauer und Bäuerin, Kind und Hund und Katze eben nicht nur vor ihm sitzen mit heißem Gesicht und eisigem Rücken. Sie alle können unter das mannshohe Dach gehen, auf den hölzernen Sitzbänken Platz nehmen, die wohlige Wärme ringsum fühlen, in sie buchstäblich hineinkriechen.

Von einer im Kamindach befestigten Querstange hängt eine Kette herunter, die einen rußgeschwärzten Topf knapp über der Flamme hält. Vielleicht ist Polenta drin, der Maisbrei, die Speise des armen Mannes. Vielleicht auch nur Wasser. Der Kamin — er ist an kalten Abenden Aufenthaltsort, Kochstelle und Lichtquelle in einem. Und er ist Sinnbild dafür, daß gespart werden muß, daß das Fünkchen Glut, wahrscheinlich von einem Olivenholzscheit genährt, nach allen Regeln der Kunst ausgenutzt werden muß. Daß nichts da ist, das verschenkt werden könnte. Denn die traute und friedliche Atmosphäre täuscht eben doch, die Idylle war nur äußerlich: bis in die jüngste Vergangenheit hinein war der Alltag des toskanischen Bauern geprägt von Armut und Entbehrungen, von der Sorge vor allem um die Ernährung der Familie.

Und dieser Angst war schwieriger beizukommen als der Kälte. Die Angst vor allem um den Ertrag der nächsten Ernte trieb den Bauern um. Denn diese mußte er — und war sie noch so kärglich — zunächst einmal teilen, die Hälfte dem Gutsherrn, dem Landeigentümer abliefern. Vom verbleibenden Rest mußte er leben. Mezzadria, die Halbpacht, dieses uralte, bis ins Mittelalter zurückreichende System der Landnutzung, hat die toskanische Landwirtschaft noch bis in die zweite Hälfte unseres Jahrhunderts hinein geprägt.

Mezzadria — mit der Halbpacht von der vollkommenen Rechtlosigkeit zu bescheidenen Sicherheiten

Mezzadria — das war der Anteil an der Hälfte der Ernte, von der guten wie der schlechten. Sie hat sich als Organisationsform bäuerlichen Arbeitens und Lebens in Frankreich und in Italien, vor allem aber eben hier in der Toskana, entwickelt. Sie

war, gemessen an der früheren sklavischen Leibeigenschaft unter einem Feudalherren, durchaus ein Fortschritt. Ein bescheidener Fortschritt, sicher. Doch immerhin: das Selbstbewußtsein des Bauernstandes war gewachsen. Aus der vollkommenen Rechtlosigkeit entwickelte sich ein sehr spezielles Abhängigkeitsverhältnis, das dem Landwirt zumindest ein gewisses Mindestmaß an Sicherheiten bot. Er bekam ein Stück Land zugewiesen, das er zu bestellen hatte, und Baumaterialien für eine bescheidene Behausung. Von der Ernte mußte er zwar dem Grundeigentümer die Hälfte abliefern. Dafür aber durfte er nicht, nur weil es dem Eigentümer einfiel, über Nacht einfach vom Land vertrieben werden. Aber auch der Nachteil war offenkundig. Fiel die Ernte mager aus, so reichte die verbliebene Hälfte kaum zum Überleben für die eigene Familie. Das bedeutete aber Verschuldung und eine weitere Verschlechterung des ohnehin schon ärmlichen Daseins.
Trotz aller Mängel: die wechselseitige Abhängigkeit entwikkelte im Laufe der Jahre eine ganz eigene Stabilität, und besser als die Sklaverei von damals war sie allemal. Für den Bauern war die Sicherheit, ein Dach über dem Kopf zu haben und die, wenn auch kärgliche, Teilhabe an den Früchten der Felder durchaus eine Verbesserung seiner Lebensbedingungen. Und der Gutsherr profitierte natürlich auch: Felder und Weideland lagen nicht brach, eine ganze Familie mühte sich, aus dem Boden rauszuholen, was rauszuholen war. Doch Halbpacht war auch nicht immer gleich Halbpacht. Es gab zum Teil beträchtliche Unterschiede. War zwischen Signore und Lavoratori noch ein Verwalter eingeschaltet, stand es eher schlecht um den Bauern, denn der Verwalter hatte auch die klingenden Münzen in der eigenen Tasche im Blick. Und dann sind die Böden der Toskana ganz unterschiedlich fruchtbar. In den Ebenen, etwa im Arno-Tal, mochte ein Bauer mit dem ihm verbleibenden Anteil gut hinkommen. Karge Hügel dagegen brachten selbst dann, wenn sich die ganze Familie vom Großvater bis zum Enkel auf den Feld abrackerte, keinen Ausweg und keine Perspektive in einer ständigen, hoffnungslosen Armut.
Gleichwohl hat sich dieses bäuerliche System gehalten und alle waffenklirrenden Scharmützel, die das Land heimgesucht haben, überstanden. Brandschatzende und plündernde Soldatenhaufen, die Rivalität zwischen dem ghibellinischen, den Staufern zugetanen Florenz und dem vatikanhörigen, guelfischen Siena, sie alle haben wohl mehr Leid über die Landbevölkerung gebracht als ein ungerechtes Pachtsystem zwischen Gutsherr und Bauer es je vermocht hätte. Und so hielt sich die Mezzadria. Vor allem auch deshalb, weil die auf die Medici folgenden Habsburger sich in der zweiten Hälfte des 18. Jahrhunderts mit für die damalige Zeit erstaunlichem Elan um die Belange der Bauern kümmerten. Erzherzog Leopold, ein Kind der Aufklärung, fand den Bauernstand in einem derart ärmlichen und auch von Krankheiten geplagten Zustand vor, daß er sich zu Reformen entschloß, die seinerzeit revolutionär anmuten mußten. Straßen und Kanäle wurde gebaut. Die Unterkünfte, zum Teil mehr Hütten als Häuser, wurden verbessert. Viele der Höfe, die heute von Zivilisationsmüden aus nah und fern restauriert und wieder bewohnt werden, stammen aus dieser Zeit. Vor allem aber organisierte Leopold den Ackerbau, die Lagerhaltung und die Vermarktung der Produkte. Dies alles zusammen führte zu einer beträchtlichen Verbesserung der wirtschaftlichen Situation des Bauernstandes.
Trotz alledem: in unserem Jahrhundert wurde der Ruf nachhaltiger, der da lautete: „Das Land denen, die es bearbeiten". Mehr und mehr wurde die Mezzadria als das erkannt, was sie, allen bescheidenen Fortschritten zum Trotz, letztlich doch immer war: ein für den Bauern im Kern entwürdigendes Abhängigkeitsverhältnis mit einem allzu bescheidenen Maß an sozialer Sicherheit. Landarbeiterunruhen erschütterten dieses Gefüge in den Jahren 1947/48. Zwar wurde über eine Erhöhung der den Bauern verbleibenden Ernteanteile verhandelt. Doch alle Versuche, die mittelalterlichen Strukturen entscheidend zu verändern, einer veränderten Gesellschaft anzupassen, schlugen fehl. Kein Wunder, daß die Landflucht sich dramatisch steigerte. Die Städte mit Arbeitsplätzen in Handwerk und Industrie lockten mit Löhnen, von denen der Bauer nur träumen konnte. Schließlich wurde sogar der Gesetzgeber aktiv. Die Regierung verbot die Mezzadria. Allerdings mit zunächst nur mäßigem Erfolg. Erst als in den siebziger Jahren alle Mezzadria-Verträge für ungültig erklärt wurden, war deren Ende besiegelt. Aber nicht nur die Gesetze, nicht nur die Organisation der Bauern in Gewerkschaften und kommunistischer Partei waren der Grund hierfür. Die Mezzadria hatte sich ganz einfach überlebt. Eine schlichte Zahl mag dies belegen: 1930 wurden noch eine Million Hektar landwirtschaftlicher Fläche in Halbpacht bewirtschaftet, Anfang der siebziger Jahre waren es nur noch 70 000. Die Bauern waren der Mezzadria ganz einfach davongelaufen.
Von heute aus betrachtet mutet diese scheinbar hoffnungslose Lage, in die die Landwirtschaft geraten war, geradezu kathartisch an. Heute treffen wir in der Toskana wieder auf Höfe, die kerngesund wirtschaften können. Etliche Faktoren mußten jedoch zusammentreffen, damit es soweit kommen konnte. Die Landflucht ließ viele Bauernhäuser leer zurück. Es dauerte eine Weile, bis sich dies bei aussteigewilligen Schweizern und Deutschen herumgesprochen hatte. Aber nach und nach – gut 20 Jahre mag es her sein – setzte ein Boom ein, und manches verlassene und schon halb zerfallene Häuschen, manches Stückchen Land konnte zu einem guten Preis und mit einem heimlichen Augenzwinkern losgeschlagen werden – Geld, mit dem sich notwendige Investitionen auf dem verbliebenen Acker finanzieren ließen. Der Grundstein für künftigen Erfolg war somit mancherorts bereits belegt, und dafür nahm man auch die verrückten Ausländer in Kauf, die alte und oft halbverfallene Mezzadria-Häuschen wieder herrichteten. Und dann waren diese Neulinge, wie sich bald herausstellen sollte, die nachgerade ideale Zielgruppe für jenes Produkt, das der Toskana zu einer Art landwirtschaftlicher Renaissance verhelfen sollte: dem Wein. Sie waren nämlich die ersten, die die Kunde vom toskanischen Weinwunder über die Alpen nach Norden brachten und den daheimgeblieben Freundeskreis auf den Geschmack; die keine folkloristisch aufgemachten Zwei-Liter-Buddeln mehr im Kofferraum hatten, sondern Flaschen mit bis dato unbekannten Etiketten und erstaunlichem Inhalt; die von einer Saison auf die andere nicht mehr in Bordeaux, sondern im Chianti auf die Suche nach außergewöhnlichen Weinen gingen. Und die bereit waren, für einen Liter Rebensaft etwas mehr auf den Tisch des Winzers zu legen.

Von der Plörre zur Weltspitze – der Weinbau als Motor des toskanischen Wunders

Ich glaube, man findet in jenen Menschen viel Glückseligkeit, die in der Nähe guter Weine geboren werden. (Leonardo da Vinci)

Aber anscheinend können auch schlechte Weine jenes Glücksgefühl herbeizaubern. „Ja, ja, der Chianti-Wein . . .“ Für versonnen-versoffene Urlaubsreminiszenzen der ersten deutschen Italienreisenden nach dem Zweiten Weltkrieg war er allemal gut genug. Die Italiener füllten ihn in die weltberühmte bastumwickelte Bauchflasche. Als dekoratives Element durfte sie in keiner bundesdeutschen Kellerbar der ausgehenden fünfziger Jahre fehlen. „Fiasco“ heißt sie bei den Toskanern. Ein Fiasko war in aller Regel der Inhalt. Qualität, Ruf und damit auch der Preis des Chianti lagen in den sechziger Jahren mal wieder auf dem Boden. Wie schon mehr als ein Jahrhundert zuvor, als der einst blühende Export nach England zusammenbrach. Der rauhe und nicht sehr haltbare Toskaner konnte seinerzeit immer weniger mit den feinen und samtenen Burgundern und Bordeaux-Weinen mithalten. Und die Chance, die sich den toskanischen Winzern kurze Zeit später auftat, als in Frankreich die Reblaus wütete, wurde zum überwiegenden Teil nicht ergriffen. Miserable Qualitäten und Panschereien ruinierten den Absatz.
Das war so bis vor etwa 20 Jahren. Eine Handvoll engagierter Winzer machte sich damals daran, den Niedergang des bekanntesten aller italienischen Roten zu stoppen. Sie erkannten, daß die Arbeit im Rebberg ebenso verbessert werden mußte wie die Kellertechnik, daß die Qualität des Traubengutes für die künftige Produkt so wichtig ist wie die der Fässer, in denen es heranreift.

Wir Italiener sind zur Kreativität verdammt. Wir müssen beweisen, daß wir die besten Weine der Welt machen können. (Marchese Lodovico Antinori, Chef der renommierten Tenuta dell'Ornellaia in Bolgheri)

Billige Massenware gab es weltweit genug. Zu Europas Butterbergen und Milchseen hatte sich längst eine riesige Weinflut hinzugesellt. Neidvoll blickten die Winzer zwischen Florenz und Siena auf ihre Kollegen in anderen Weinbauregionen, die den Zug der Zeit erkannt hatten: geringe Menge, hohe Qualität, noch höherer Preis. Oder, wie es die quirlige Paola Gloder vom Weingut Poggio Antico am Montalcino so offen, ehrlich und treffend resümiert:

Manches der namhaften toskanischen Weingüter könnte viel mehr Wein verkaufen, als es produziert. Aber man hat verstanden, daß es klüger ist, die Preise zu erhöhen – und nicht die Erträge.

Andernorts, wie etwa in Bordeaux, konnten die Winzer nicht nur auskömmlich leben, sondern sogar reich und angesehen werden mit dem Rebensaft. Warum also nicht auch hier, in der Toskana, wo der Wein, wenn auch mit wechselhaftem Erfolg, schon immer zur Kulturlandschaft, zur Kultur selbst gehörte? Daß bereits die Etrusker hier vor 3000 Jahren Weinbau betrieben haben, gilt als erwiesen. Horaz, Plinius, Cato, Caesar und viele andere haben in ihren Schriften Zeugnis vom Weinbau damaliger Zeiten gegeben. Die Schwäche und Misere des Weinbaus beschrieb jedoch schon 1865 ein Herr Hamm in einem in Leipzig erschienenen Buch treffend und ohne romantisierende Schwärmerei:

Der italienische Weinbau hat sich seit dem Altertum wenig vervollkommnet, ja, man darf eher sagen, er sei zurückgegangen, dabei wäre das Klima, der Boden, die geographische Lage des Landes so ganz dazu angetan, die Weinkultur zu höchster Blüte zu bringen. Selbst diejenigen Weine, welche Ruf haben, enttäuschen den Kenner; so ist es mit dem Montepulciano und dem Aleatico. Die Arbeiten der Kelterung, die Unterstützung der Gärung und die Behandlung des Weines im Keller liegen in ganz Italien durchwegs im Argen und werden allenthalben so überaus nachlässig betrieben, daß man sich darüber wundern muß, doch noch italienische Weine zu finden, welchen man Qualität nicht absprechen kann.

Was man aus ihm machen kann, wenn man nur will, faßte 125 Jahre später der aus der Schweiz ausgewanderte Weinbauer Andreas März so zusammen:

Die Toskana ist ein Garten Eden für große Weine. Neben ihrer paradiesischen Landschaft verfügt die Gegend über ein weiteres kostbares Erbstück: Die Sangiovese-Traube. Soll die Sorte Großes leisten, stellt sie außerordentlich hohe Ansprüche an Boden und Mikroklima. Diese idealen Voraussetzungen findet sie nur in wenigen Gebieten der Toskana: im eigentlichen Chianti-Classico-Gebiet zwischen Florenz und Siena, in Montalcino (Brunello) und Montepulciano (Vino Nobile) im Süden von Siena, in den kleinen DOC-Gebieten Rùfina und Pomino östlich von Florenz und am Montalbano, im Ursprungsgebiet Carmignano in der Nähe von Pistoia. Daneben ist die Toskana reich an mikroklimatischen Nischen, wo sich seltene einheimische Sorten oder auch Neukömmlinge aus dem Ausland prächtig entwickeln. Wo ein Wille ist, ist offenbar auch ein Wein. Dies beweist eine bis vor wenigen Jahren als Weingebiet gänzlich unbekannte Gegend südlich von Livorno: Bolgheri. Protagonisten sind hier nicht die Sangiovese-Trauben, sondern internationale Sorten wie Cabernet-Sauvignon und Merlot.

Streng nach Vorschrift: der „Eiserne Baron“ vom Castello di Brolio und seine Chianti-Formel

Daß gleichwohl der toskanische Wein – verglichen mit anderen italienischen Weinbauregionen – seinen Ruf auch wieder festigen und dann über Jahre hinweg auch bewahren konnte, war das Verdienst des „Eisernen Barons“ vom Castello di Brolio. Er erfand 1835 die neue Chianti-Formel, nach der dieser Wein bis in unsere Tage hinein komponiert wurde. Der Chianti ist seitdem ein Mischsatz aus den beiden Rotweinsorten Sangiovese, der mit rund 80 Prozent den Hauptanteil stellt, und dem mit etwa zehn Prozent vertetenen Canaiolo, sowie den beiden Weißweinen Malvasìa und Trebbiano, die zusammen mit etwa zehn Prozent den Rest ausmachen.
Dem Auf folgte jedoch alsbald schon wieder das Ab. Im wesentlichen zwei Faktoren haben den erneuten langsamen Niedergang des Chianti in unserer Zeit verursacht. Zum einen

war das Hauptziel der Winzer die Produktion großer Mengen – unter Qualitätsaspekten ein Unding. Nicht selten wurden abenteuerliche Hektarerträge von fast 200 Hektoliter erzeugt. Dabei konnte nur ein dünner Roter ohne Charakter entstehen. Und dann erkannte man mehr und mehr, daß das Beimischen von Weißwein nicht gut tat. Die Lagerungsfähigkeit litt darunter, und auch der geschmacklichen Fülle war der Weißweinanteil eher abträglich als förderlich.

Da der Chianti-Mischsatz aber in der Zwischenzeit gesetzlich festgelegt war, blieb den Weinrebellen zunächst nichts anderes übrig, als mit Bedacht gegen Vorschriften zu verstoßen, die nach ihrer Auffassung der Qualität nicht dienten. Daß sie für ihre Probleme aus Rom außer Aktenstaubwolken nichts zu erwarten hatten, wußten sie nur zu gut. Und so mußten sie aus eigenem Antrieb und auf eigenes Risiko alte Zöpfe abschneiden und mit liebgewordenen Traditionen brechen. Auch die DOC, die „Denominatione di Origine Controllata", oder die DOCG, die „Denominatione di Origine Controllata e Garantita", sind weitestgehend Regelungen technischer Art. Sie können zwar den Grundstandard für ein gewisses Qualitätsniveau bieten. Eine Garantie für erstklassigen Wein waren sie nie, und sie sind es bis heute nicht.

Die Neuerer unter den Winzern beschränkten den Hektarertrag drastisch, sie informierten sich ohne Scheu bei den Produzenten in Bordeaux und anderen renommierten Weingegenden. Sie experimentierten mit den kleinen Barrique-Fässern und änderten den gesetzlich vorgeschriebenen Mischsatz. Meist ließen sie den Weißweinanteil einfach weg. Da dieser Wein nun allem möglichen entsprach, nur nicht dem italienischen Weingesetz, durfte er auch nicht mehr Chianti heißen. Nur noch Vino da tavola, Tafelwein, durfte auf dem Etikett stehen. Das war zunächst ein großes Handikap. Denn Vino da tavola heißt auch die „Zwofuffzig-Plörre" aus der Zweiliterflasche.

Alte Familien und Newcomer – der Weinbau bringt wieder Geld und Ansehen

Doch der Erfolg gab den Rebellen letztendlich Recht. Heute zählen die toskanischen Weine wieder zu den besten der Welt und bringen ihren Produzenten ein gutes Aus- und Einkommen. Erfolgreicher Weinbauer in der Toskana zu sein – das ist mittlerweile ein prestigeträchtiger Beruf geworden. Und wer als Önologe die großen und bekannten Weingüter berät, zählt zu den Spitzenverdienern. Im Laufe von nur wenigen Jahrzehnten ist es den toskanischen Weinbauern gelungen, auf der sozialen Leiter von der untersten Stufe nach ganz oben zu klettern. Große, alte und traditionsreiche Familiennamen sind bei den renommierten Weingütern immer noch und wieder mit dabei, wie Antinori und Frescobaldi, Familien, die seit Jahrhunderten Wein anbauen und mit ihm handeln. Aber auch Newcomer mischen erfolgreich mit, nicht selten ehemalige Industriemanager, wie der Florentiner Stahlhändler Sergio Manetti von Monte Vertine, der sich einen Traum erfüllen wollte und nun Traumhaftes für unsere Weinkeller hervorbringt. Oder wie der Marchese Lodovico Antinori, der in Bolgheri in der Provinz Livorno ein Weingut vom Reißbrett, die Tenuta dell'Ornellaia, aus dem Boden gestampft hat und binnen kürzester Zeit mit seinem „Ornellaia" eines der begehrtesten Gewächse der Toskana keltert.

Einem Mann aber muß, wenn es um das toskanische Weinwunder geht, noch Reverenz erwiesen werden. Ebenfalls in Bolgheri, auf der Tenuta San Guido, brachte der Marchese Mario Incisa della Rocchetta vor nunmehr etwas mehr als 20 Jahren den „Sassicaia" auf den Markt. Er war eine Sensation, eine Art Initialzündung für das, was man kurze Zeit später als das toskanische Weinwunder bezeichnete. Der Marchese hatte schon zu Beginn des Zweiten Weltkrieges Cabernet-Sauvignon-Reben aus Frankreich in die Hügel von Livorno mitgebracht. Sein Wein hatte nichts mehr mit den üblichen toskanischen Roten zu tun. Er konnte sich mit den besten französischen Hochgewächsen messen – und verwies diese auch in Blindverkostungen nicht selten auf die Plätze. Noch heute ist der „Sassicaia" ein Solitär – auch wenn die Konkurrenz Jahr für Jahr wächst.

Für den Laien allerdings ist das Terrain nur sehr schwierig zu überschauen. Die Bezeichnungen DOC und DOCG helfen nur unzulänglich, um aus der jährlichen Produktion von annähernd vier Millionen Hektolitern jene Tropfen herauszufinden, die zu höchsten Genüssen führen. Und Vino da tavola steht nun mal auf den teuersten und besten wie auf den billigsten und schlechtesten Flaschen. Und dann der ungebremste Hang der Italiener zum Edel-Design: da liegt bei mancher Flasche die Qualität des Outfit deutlich über der des Inhaltes. Da hilft es nur, sich sachkundig zu machen, sich konsequent durchzuprobieren und sich die Namen und Etiketten der untadeligen Produzenten zu merken. Und vor allem muß die Brieftasche immer gut gefüllt sein. Denn von den Spitzen-Tafelweinen ist eine Flasche kaum unter 30 Mark zu haben. Und auch für einen guten Chianti von einem renommierten Weingut sind zehn Mark mittlerweile eher die Unterals die Obergrenze.

An einer simplen Zahl läßt sich erkennen, welcher Qualitätsstandard im toskanischen Weinbau inzwischen erreicht wurde. Es sind dies die durchschnittlichen Hektarerträge – in aller Regel ein zuverlässiger Indikator für das Qualitätsstreben der Winzer. Denn geringe Erträge bringen fast immer die besseren Qualitäten. So liegen in der Toskana die durchschnittlichen Ernten pro Hektar bei 38 Hektolitern, in Sizilien dagegen bei 55 und bei den Massenproduzenten der Emilia-Romagna bei rund 80 Hektolitern.

Alter Brunello und nobler Montepulciano – Die beiden Schwestern aus dem Süden

Mit dem Chianti und den Edelversionen des Vino da tavola ist die Palette der toskanischen Weine jedoch noch nicht erschöpft. In Kennerkreisen fast ebenso bekannt ist der Brunello di Montalcino, der ausschließlich auf dem gleichnamigen Bergkegel südlich von Siena angebaut wird. Um ihn ranken sich Legenden. Der am längsten lagerbare Wein der Welt soll er angeblich sein, der beste Rote aus Italien überhaupt. Tatsache aber ist, daß die Zahl derjenigen beständig abnimmt, die sich eine Flasche Wein kaufen, um sie erst einmal 20 Jahre in den Keller zu legen, bevor sie trinkreif ist. Und deshalb wurde auch der Brunello in den letzten Jahren einer Verjüngungskur unterzogen: er wurde schlanker ausgebaut und die Tanninüberfrachtung etwas zurückgenommen. Wer jedoch noch eine ältere Flasche vom Altmeister und Brunello-Pionier Biondi-Santi vom Weingut Il Greppo im Keller liegen hat, kann sie getrost noch eine weitere Generation ruhen lassen. Nicht weit davon entfernt wächst der Vino Nobile di Montepulciano, ein Wein, der schon im „Il Dizionario Grafico Fisico Storico della Toscana“, einem Dokument aus dem Jahre 1350, erwähnt wurde und dem auch ein Schriftsteller, Francesco Redi, in seinem Werk „Bacco in Toscana“ ein literarisches Denkmal gesetzt hat.

Westlich von Florenz wird rings um die Dörfer Carmignano, Poggio a Caiano und Artimino der Carmignano angebaut, ein sehr gehaltvoller, edler und lagerfähiger Roter aus den Rebsorten Sangiovese, Canaiolo Nero und Cabernet-Sauvignon. Der Wein kommt als einfacher Carmignano oder als „Riserva“ in den Handel. Für die letztere Qualitätsstufe sind drei Jahre Reifezeit im Keller, zwei davon in großen Eichenfässern, vorgeschrieben. 12,5 Prozent Mindestalkoholgehalt muß der Wein auf der Flasche erreichen. Der Gesamtertrag ist gering: Auf gut 185 Hektar Rebfläche werden jährlich im Durchschnitt nur 10000 Hektoliter Wein erzeugt. Das Carmignano-Gebiet ist zwar die kleinste Weinbauregion der Toskana, nach der Chianti-Classico-Zone zwischen Florenz und Siena jedoch das zweitälteste umgrenzte Herkunftsgebiet. Bereits 1716 erließ Cosimo III. de' Medici strenge Qualitätsrichtlinien, grenzte das Anbaugebiet ab und verfügte harte Sanktionen, um Panscher abzuschrecken.

Bei den Weißweinen hat es vor allem der Vernaccia di San Gimignano zu einer weit über die Landesgrenzen hinausreichenden Bekanntheit gebracht. Allerdings wird auch viel Zweit- und Drittklassiges unter diesem Namen angeboten. Wer im Hochsommer die in praller Sonne feilgebotenen Sonderangebote direkt neben dem Souvenirladen einkauft, braucht sich später nicht zu beschweren. Und dann der Galestro. Ein Kunstname, aus der Not geboren, von den toskanischen Verkaufs- und Marketing-Genies jedoch binnen kurzer Zeit zu einem weit über Italien hinaus beliebten Hit gemacht. Weil die Winzer dem klassischen Chianti immer weniger Weißwein beimischten, die Reben mit den weißen Sorten Trebbiano und Malvasia nun aber mal dastanden, wurde aus der Not flugs eine Tugend gemacht. Ein eingängiger Name, auf den sich alle Winzer verständigten, wurde kreiert. Eine gemeinsame Werbestrategie wurde ausgetüftelt – und schon schlürft die halbe Welt dieses einfache und alles in allem recht belanglose Weinchen mit Vergnügen!

Die gewaltige Qualitätssteigerung beim Wein, verbunden mit den enormen Preissprüngen der vergangenen Jahre, hat einen Gutteil der gesamten Landwirtschaft der Region mit nach vorne gezogen. Gleichzeitig hat sich auch die Struktur vieler Betriebe geändert. Aus ehemaligen Mischbetrieben sind häufig reine Wein- und Olivenölproduzenten geworden.

Das flüssige Gold – Lebenselixier seit Jahrhunderten

Zwar gilt die dunkle, schlank aufragende Zypresse als der toskanische Baum schlechthin. Der König der Bäume aber ist der Olivenbaum. Beim kleinen Städchen Vinci, westlich von Florenz, stehen Exemplare, die so alt sind, daß schon der berühmteste Sohn des Ortes, Leonardo, darunter gespielt haben dürfte. Bis zu 1000 Jahren alt wird der Baum angeblich. Toskanisches Olivenöl, neben dem Wein das zweite typische Produkt der Region, gilt – mit dem ligurischen – als das beste im Lande – manche behaupten: als das beste weltweit. Im gemäßigten und feuchten Klima der Toskana gedeihen die Bäume ideal. Es bringt delikatere, fruchtigere Öle hervor als der heiße und trockene Süden. Es ist immer wieder ein geradezu archaisches Erlebnis, wenn ein Bauer das flüssige Gold der Toskana aus den riesigen, seit Generationen benutzten Tonkrügen schöpft, ein Stück Weißbrot hineintunkt und zum probieren einlädt.

Wer bei der Olivenernte zuschauen möchte und den grasigen Schmelz des ganz frisch abgepreßten Öles schmecken will, der muß übrigens zu einer nicht gerade urlaubsüblichen Jahreszeit die Toskana besuchen. November, Dezember und Januar sind die Erntemonate. Dann wird die Landschaft von einem Bild ganz eigener Art geprägt: kilometerweit ziehen sich durch die Olivenhaine weiße Netze, ein Anblick, der jedem Verpakkungskünstler zur Ehre gereichen würde. Aber Kunst findet hier in einer anderen Disziplin statt. Mit dem feingewirkten Gewebe wird der Boden Quadratmeter für Quadratmeter abgedeckt, damit die herunterfallenden Früchte nicht im feuchten Gras verloren gehen.

Die Ernte selbst ist eine rechte Plackerei. Denn obwohl die Früchte ziemlich hart sind, müssen sie äußerst vorsichtig behandelt werden. Beste Ölqualitäten liefern nur handgepflückte Früchte. Die häufig angewandten Methoden, sie mit Stöcken vom Baum zu schlagen oder mit einem groben Rechen vom Ast zu streifen, erleichtern zwar die Arbeit, bringen aber zwangsläufig eine erhebliche Qualitätsminderung mit sich. Denn die Haut der Früchte wird dabei verletzt, und wenn sie dann nicht unverzüglich in die Ölmühle transportiert werden, beginnt an diesen Stellen die Oxydation, und die wiederum wirkt sich negativ auf den Geschmack aus.

Seit im Januar 1985 ein katastrophaler Kälteeinbruch die Quecksilbersäulen bis auf 20 Grad minus fallen ließ und etwa die Hälfte aller Olivenbäume vernichtete, haben sich die Preise mehr als verdoppelt. Die naturbedingte Mengenreduzierung und das Renommee des Weines und der Weingüter haben Hand in Hand die Preise auch für das Öl in teilweise exorbitante Höhen getrieben. Wenn es dann noch in Designer-Fläschchen abgefüllt angeboten wird, kann der Literpreis schon mal die Hundertmarkgrenze streifen. Aber es ist, läßt man die teure Verpackung weg, seinen Preis immer wieder wert. Und wer sucht und die prestigeträchtigen Etiketten meidet, kann bei einem soliden Bauern immer noch den Liter für 20 bis 25 Mark einkaufen.

Die Frostkatastrophe hat aber nicht nur das Preisgefüge, sondern auch das Landschaftsbild in weiten Bereichen verändert. Manche Bauern, deren Baumbestand vollkommen vernichtet wurde, haben ganz darauf verzichtet, eine neue Generation jener knorrigen toskanischen Wahrzeichen anzupflanzen und statt dessen die Rebfläche ausgeweitet. Denn es dauert fünf bis sechs Jahre, bis ein Baum die ersten Früchte trägt. Hier fehlt für immer das silberne Flirren, wenn der Wind durch die Blätter des Olivenbaumes streift. Wo aber neue Bäume gepflanzt wurden, stehen diese nun allzu häufig wie die Soldaten in Reih und Glied. Der Blick auf eine möglichst einfache und rationelle Bewirtschaftung hat der alten, etwas ungeordneten, dafür aber um so schöneren Verteilung der Bäume im Hain keine Chance gelassen. Eine intensiv genutze Kulturlandschaft verändert immer wieder ihr Gesicht – und das nicht immer nur zu ihrem Vorteil.

Jungfräulich und gesund: Olio d' oliva extra vergine, der fruchtig-pikante Genuß ohne Reue

Hauptsache jedoch, das Olivenöl ist jungfräulich. Die erste Kaltpressung, ungefiltert und damit naturtrüb belassen, „extra vergine“ und deshalb mit einem Säureanteil von maximal einem Prozent – das ist das Elixier, das Feinschmecker immer wieder in Verzückung versetzt. Aber Achtung: „extra vergine“ auf der Flasche, das ist zwar eine Garantie für ein vollkommen reines Öl bester Qualität. Wer jedoch die absoluten Spitzen sucht, muß den Bauern kennen. Denn es kommt auch auf den Druck an, mit dem gepreßt wird. Ob der Wasseranteil im Öl mit einer Zentrifuge abgetrennt oder ob gewartet wird, bis sich das Öl durch schlichtes Stehenlassen nach oben abgesetzt hat – dies und einiges mehr beeinflußt die Qualität – und den Preis. Spitzenproduzenten gehen so weit, um den Jahreswechsel herum zwei- bis dreimal im Abstand von jeweils etwa vier Wochen zu ernten. So bekommen sie sehr unterschiedlich schmeckende Öle: von ganz frisch-fruchtig-grasig bis hin zur üppigeren „Spätlese“.

Wer dem Zauber des Öls verfallen ist, wählt es genau so penibel nach Lage und Produzent aus wie einen teuren Wein. Ein Elixier ist es übrigens, das ohne Reue genossen werden darf. Denn mit seinem hohen Anteil an ungesättigten Fettsäuren ist es eines der gesündesten Öle überhaupt. So gesund, daß die cholesterin-verrückten Amerikaner, seit sie das entdeckt haben, den Olivenölkonsum mit zum Teil dreistelligen jährlichen Zuwachsraten steigern. Daß es gesund ist, haben Wissenschaftler längst erhärtet. In der Fettzusammensetzung sei es sogar der Muttermilch ähnlich. Seine Färbung reicht von einem grasigen Grün bis zum fast honigfarbenen Gelb. Und auch die geschmacklichen Varianten sind erstaunlich. Es kann mildfruchtig sein oder einen pikant-herben Geschmack haben, und nicht selten führt es – löffelweise konsumiert – im Nachgeschmack zu einem ganz leichten Kratzen im Hals: ein Qualitätsmerkmal, gerade bei toskanischen Ölen. Fruchtaromen, ein Geschmack nach grünem Gras und frischen Blättern, werden geschätzt. Läuft es metallisch, sauer oder gar essigartig über die Zunge, ist der Kenner vergrätzt.

Cucina povera – der einfache Genuß in seiner höchsten Vollendung

Martino hat wenig übrig für das Püree oder den Brei von ehemals; er mag gehaltvollere Gerichte lieber, Fleischstücke oder Vögel in einer Sauce – Vorläufer der französischen Ragouts. Er kocht sein Gemüse gewöhnlich unzerkleinert, schneidet es dann und serviert es mit geriebenem Käse oder in einer Teighülle. Die frühere Neigung, die Speisen durch starkes Würzen oder wahlloses Mischen unkenntlich zu machen, läßt allgemein nach. Martino versucht ganz im Gegenteil, den Geschmack der einzelnen Zutat durch vorsichtiges und mäßiges Kochen herauszuholen. Mehrere seiner Suppen bereitet er auf der Basis von Fleischbrühe zu und bindet mit Eiern und Bröseln und Mandeln.

Was Bartolomeo Sacchi bereits 1475 in „De Honesta Voluptate“, einer Abhandlung über gutes Essen und eine bescheidene Lebensführung, schrieb, ist heute so aktuell wie damals und könnte ohne weiteres in unseren Tagen als Nachruf auf den einen oder anderen Exzeß der Nouvelle Cuisine verfaßt worden sein.

Wie könnte es auch anders sein in einer Gegend, in der Wein und Oliven nicht nur die Landwirtschaft und weite Teile des Landschaftsbildes prägen, sondern wie selbstverständlich auch die Küche. Wer sich toskanischen Kochtöpfen nähert, betritt kein vordergründig üppiges Schlaraffenland. Er trifft vielmehr auf eine in ihren Ursprüngen eher arme Küche, eine cucina povera. Aus wenigem und einfachem das Beste machen – das könnte als Motto über dem toskanischen Herd stehen. Und deshalb gelingt der Einstieg in seine Genüsse am besten mit seinen unkompliziertesten und ursprünglichsten Gerichten. Gerichte, die einzig und alleine davon leben, daß beste Produkte möglichst unverfälscht auf den Teller kommen. Diese Einfachheit, diese Gradlinigkeit hat sich die toskanische Küche über alle Modeströmungen der Vergangenheit hinweg bewahrt.

So war der Pürierstab hier immer ein Exot. Als dieser vor Jahren mit immer höheren Drehzahlen durch die Kochtöpfe der Nouvelle Cuisine rotierte und dabei allen Gemüsen den Garaus machte, weil er sie zu optischer und geschmacklicher Unkenntlichkeit vermuste, da war und blieb die Toskana das Eldorado all jener Schlemmer und Genießer, die nichts dagegen einzuwenden hatten, wenn eine Bohne wie eine Bohne aussah und auch wie eine Bohne schmeckte. Dabei ist es bis heute gottlob geblieben. „Unsere Küche ist bodenständig, gradlinig und ungekünstelt“. Diese Beschreibung ist eine der häufigsten, wenn man bei toskanischen Köchinnen und Köchen nachfragt, warum denn das Schwärmen für ihre Suppen, Saucen, Bistecche und Crostini gar kein Ende nehmen will. Wenn der Eigengeschmack eines erstklassigen Grundproduktes erhalten, durch wenige Gewürze und ein paar Tropfen Olivenöl verfeinert und hervorgehoben wird, dann feiert diese Küche ihre unvergleichlichen Höhepunkte. Und daß gerade heute die neuere kulinarische Strömung auch bei uns dahin tendiert, schweren Sahnesaucen adieu zu sagen und dafür leichtere, vom Olivenöl geprägte Sugos immer beliebter werden, all das gibt dem Traditionellen der toskanischen Küche nur Recht. So traditionell sie ist – sie ist moderner als je zuvor. Und so entstehen jene einfachen und doch so unübertrefflichen Dinge, wie – um ganz zu den Ursprüngen zurückzukehren – eine Bruschetta. Eine schlichte Weißbrotscheibe wird über einem Grill vorsichtig von beiden Seiten geröstet. Mit einer halbierten Knoblauchzehe wird das rösche Brot eingerieben, sodann gesalzen und mit etwas Olivenöl überträufelt. Fertig. Wer es nie versucht hat, mag die Nase rümpfen. Es ist eine Delikatesse und im übrigen ein Test, den kein zweitklassiges Öl übersteht. Die etwas aufwendigere Variante heißt Fettunta und wird mit Tomatenscheiben und Basilikum belegt. Fast schon luxuriös die Crostinis: hierfür werden die Brotscheiben mit den unterschiedlichsten Köstlichkeiten bestrichen. Das kann feingehackte Hühnerleber sein, gewürfelte Steinpilze mit Petersilie oder auch ein Tomaten-Basilikum-Gemisch.

Fast genauso einfach, nur für den armen Mann kaum erschwinglich: Das berühmte Bistecca alla Fiorentina. Ein gut abgehangenes, selbstverständlich schön durchmarmoriertes Rinderkotelett, das im besten Falle von der weißen Rasse aus dem Val di Chiana stammt, wird mit Salz und Pfeffer eingerieben, auf einer sehr heißen Herdplatte oder dem Grill so gebraten, daß es außen kräftig braun und innen noch rosa ist. Auf dem Teller wird es mit Zitronensaft und Olivenöl benetzt. Fertig – und wer jemals ein exzellenteres Stück Rindfleisch genossen hat, der möge sich melden. So einfach das Gericht auch ist, es jenseits der italienischen Grenzen nachzukochen ist kaum möglich, da es dieses qualitativ hochwertige Fleisch bei uns nirgends zu kaufen gibt.

Fagioli sind jene berühmten weißen Bohnen, die am besten schmecken, wenn sie – zuvor natürlich eingeweicht und gekocht – mit Olivenöl, reichlich Knoblauch und frisch gemahlenem Pfeffer angerichtet werden. Nach einem traditionellen Rezept werden sie in eine bauchige Fiasco-Flasche gefüllt, wo die ganze Mischung eine Zeit durchziehen kann. Ein Schuß Tomatensugo als Abrundung obendrauf schadet auch nicht.

Ribollita – die Wiederaufgekochte, die herrliche Vermählung der Gemüse der Saison

Die Toskana ist auch ein Gemüsegarten. Und deshalb gehört die Gemüsesuppe zur Grundausstattung der Küche. Die Ribollita, die Wiederaufgekochte, die dicke Tante der Zuppa di verdura, vereint das beste, was der Gemüsemarkt hergibt, aufs feinste. Und obendrauf muß wieder der unerläßliche Schuß Olivenöl, der alles abrundet und auf eine so angenehme Weise aromatisiert, daß man früher oder später von dieser Art der Essenszubereitung nicht mehr lassen möchte und – ganz toskanisch – die Ölflasche ebenso selbstverständlich auf den Tisch stellt wie Salzstreuer und Pfeffermühle.

Und wie die Ölflasche auf den Tisch, so gehört in den Schrank eines jeden Italieners das Jagdgewehr. Die Jagdbegeisterung der Italiener ist schon sprichwörtlich, und deshalb sind Wildgerichte ein fester Bestandteil der Küche. Cinghiale, das Wildschwein, und lepre, der Hase, werden mit Rosmarin gebraten, der Fleischsaft mit etwas Olivenpüree gebunden und gerne mit gerösteten Polentascheiben serviert. Speisekarten allerdings, die – was immer noch vorkommt – uccelli, also kleine Singvögel anbieten, strafen wir mit Verachtung. Statt dessen mag man sich eine mit Salbei gebratene Kalbsleber gönnen, eine Schweineleber con finocchio, also mit Fenchel aromatisiert, oder das junge Schwein, am Stück gebraten und mit Kräutern gefüllt, die Porchetta.

Apropos Polenta. Diesem Maisbrei hat selbst die toskanische Küche lange Zeit nicht die Beachtung geschenkt, die er eigentlich verdient hat. Vielleicht war er selbst für die Verhältnisse toskanischer Bauern einfach zu billig. Aber solcher Probleme, sind sie einmal erkannt, nimmt man sich dann mit geradezu liebenswürdiger Ernsthaftigkeit an und bildet – nein, keinen Verein – sondern, wie in Pisa geschehen, eine „Accadèmia dei polentòfaghi". Und widmet dem Objekt der Begierde natürlich sogleich einen Achtzeiler:

Wie lange bist du, Polenta, verachtet gewesen.
Nur auf dem Lande wollt' man dich noch essen.
Die Reichen haben dich von ihren Tischen vertrieben,
Und nur, wer arm war, durfte dich lieben.
Nun aber kehrst du zurück zu den Städten,
Und die feinen Leute tun so, als hätten
sie dich eben entdeckt. So gut hat's geschmeckt!

Und natürlich sind die Wälder voll mit Pilzen. Berge von Funghi porcini, den leckeren Steinpilzen, locken im Herbst auf den Märkten. Mit einem Risotto gehen sie die schönste Verbindung ein. Oder mit einem Nudelgericht. Die Toskana ist zwar nicht die Wiege der Teigwaren. Sie finden sich aber trotzdem in allen Varianten in Geschäften und auf Speisekarten. Auch hier kann die Einfachst-Version wieder zu ungeahnten Genüssen führen: die Spaghetti con aglio e olio, also die gekochten Nudeln schlicht mit gepreßtem Knoblauch und Olivenöl vermischen. Als pikante Note macht sich bestens eine verriebene und daruntergemischte Pepperoni-Schote. Was nur wenige wissen: vor allem rings um San Miniato werden im Herbst auch Trüffel gefunden. In einer kleinen Trattoria einen Teller feine Bandnudeln in ein wenig Butter geschwenkt und etwas von der weißen Knolle darübergehobelt – mehr braucht es nicht.

Was auf den Theken der Fischhändler liegt, stammt nur noch zu einem kleinen Bruchteil aus eigenen Fängen von der Mittelmeerküste. Auch die Flüsse sind häufig verschmutzt und liefern kaum noch eine Grundlage für ergiebigen Fischfang. Bekannt sind winzige Fische aus dem Serchio nördlich von Lucca, die schlicht frittiert werden. Ein Gericht, das allerdings eher als Kuriosität denn als Delikatesse durchgeht. Beliebt ist Baccalà, der Stockfisch, der in Tomatensauce zubereitet wird. Und die Livorneser Fischsuppe, in der verschiedene Meeresfische mit Zwiebeln, Knoblauch, Petersilie, Tomaten und Olivenöl zu einer leckeren Mischung zusammengekocht werden. Auf den Boden des Tellers kommt eine geröstete Brotscheibe, die mit der Suppe übergossen wird.

Wer von Parma her auf der Autobahn über den Cisa-Paß

wieder talabwärts fährt, sieht am Straßenrand häufig Bauersfrauen, die mit bunten Plastiktüten winken. Sie verkaufen hausgemachten Pecorino — einen würzigen, harten Schafskäse, der in kleinen Laiben angeboten wird. Es ist einer der wenigen toskanischen Käse, die über die Region hinaus Bedeutung erlangt haben. Man kann hier am Straßenrand ohne Bedenken einkaufen. Der Käse ist in aller Regel von sehr guter Qualität. Und wenn die Jahreszeit danach ist, werden die Steinpilze gleich körbeweise mit feilgehalten.

Mit Vin Santo gegen hartes Mandelgebäck und kompakte Früchtekuchen

Wer zum Nachtisch eher Süßes mag, braucht hier zuvörderst gute Zähne. Panforte heißt der flache Mandel- und Früchtekuchen, dem ob seiner Kompaktheit nur mit einem robusten Kauwerkzeug beizukommen ist. Das gleiche gilt für die Biscotti oder Cantucci, ein steinhartes Mandelgebäck, das man sicherheitshalber zuvor im Kaffee einweicht. Oder, noch besser, in einem Gläschen Vin Santo. Das ist der heilige Wein, ein außerhalb der Toskana noch wenig bekannter Süß- und Dessertwein, der goldgelb im Glas funkelt und zwischen 10 und 30 Gramm Restzucker aufweist. Er wird aus weißen Trauben, meist von der Malvasìa-Rebe, gekeltert, die nach der Lese zunächst für mehrere Wochen auf Strohmatten ausgelegt werden, auf daß sie eintrocknen und der süße Saft in ihnen sich kräftig konzentriere. Die Pressung im Laufe des Dezember ergibt dann einen schwergewichtigen Most. Beste Abfüllungen können sich durchaus mit einem Sauternes aus Frankreich messen. Der wahre Kenner übrigens kombiniert ihn auch mit Käse: ein Stückchen Gorgonzola dazu ist ein unvergleichlicher Genuß.
Lamporecchio, ein völlig unspektakuläres Städtchen am Fuße des Mont' Albano westlich von Florenz, hat sich durch ein Backwerk einen Namen gemacht, das ausschließlich hier hergestellt wird und das die Knabberschüsseln zur Kaffeetafel bereichert. Brigidini heißt diese Spezialität. Es sind hauchdünne, knusperige Anisplätzchen, die auf den ersten Blick wie Kartoffel-Chips ausschauen.

Toskanische Renaissance-Küche — stilbildend für die Haute Cuisine

Ob Vorspeise, Hauptgericht oder Nachtisch — an welchem Gang wir uns auch delektieren — es ist immer wieder gerade das Einfache und die bäuerliche Handschrift, die uns diese Küche so sympathisch macht. Sie bringt die Gaben der Natur ohne aufwendige Verfeinerungen und komplizierte Zubereitungsarten auf den Teller. Und ebenso fremd wie bei der Zubereitung ist ihr seit eh und je das übertrieben Geschnörkelte und Gedrechselte bei der Präsentation: das handgeschnitzte Karöttchen, verloren auf einem Teller vom Format einer Diskusscheibe, die Dekorationskörnchen aus der Kaviardose — sie waren nie ihre Sache. Trotz — oder richtiger: gerade wegen — dieser bescheidenen Abstammung hat es die toskanische Küche zu Ruhm und Ehre gebracht. Als Katharina de' Medici 1533 den späteren König Heinrich II. von Frankreich ehelichte, nahm sie nicht nur den berühmten Florentiner Parfumeur Tombarelli mit, der fortan in Grasse der Produktion der Duftwässerchen entscheidende Impulse gab. Sie hatte selbstverständlich alle Rezepturen der toskanischen Küche im Gepäck. Damit war ein Grundstein gelegt, auf dem siebzig Jahre später eine weitere Medici aufbauen konnte: Maria de' Medici heiratete Heinrich IV. und brachte sogleich ihren Koch Pantanelli mit ins französische Königshaus. So hat die italienische Renaissance-Küche die französische Kochkunst stilbildend geprägt und die Entwicklung zur späteren Haute Cuisine, zur aristokratischen französischen Küche, entscheidend beeinflußt.
Und wen wundert es, daß auch lebensfrohe katholische Priester hieran ihren Anteil hatten und natürlich wußten, daß auch das Auge mitißt? Von einem Koch, den der italienische Kardinal Caraffa nach Frankreich mitgenommen hatte, berichtet uns Montaigne anno 1590:

Ich ließ mir von seinem Amte vorerzählen. Er hielt mir eine Rede über diese Gaumenwissenschaft mit einem so ernsthaften Ratsherrengesichte, als ob er mir über ein theologisches Dogma vorgepredigt hätte. Er hat mir einen Unterschied des Appetits entziffert, zwischen dem, welchen man hat so lange man noch nichts genommen und zwischen dem nach dem zweiten und dritten Gange der Mahlzeit; die Mittel, wie man ihn zuweilen ohne Kunst befriedigt, zuweilen ihn erregt und reizt; die Zurichtung der Brühen und Übergüsse, erstlich im allgemeinen und hernach ihre Eigenschaften und Zutaten im besonderen und ihre Wirkungen; die Verschiedenheit der Salate nach den Jahreszeiten; was für welche man warm aufgesetzt und was für welche man kalt auf den Tisch bringt; die Art, sie aufzuzieren, um sie auch dem Gesicht leckerhaft zu machen. Nachher ließ er sich auf die Ordnung der Gerichte ein, wie sie aufeinander folgen müßten, begleitet mit wichtigen und tiefen Bemerkungen. Und alles das mit hohen und prächtigen Worten aufgebläht und selbst mit solchen, welche man braucht, wenn man von der Regierung eines Reiches spricht.

Ewiger Kampf zwischen
Sonne und Dunst,
Licht und Nebel.

Früher Morgen auf einem Bauernhof bei Monteroni d'Arbia. 25 Prozent der Toskana werden noch landwirtschaftlich genutzt.

Bei Pievina. Der weite Blick über Hügelketten, die sich im milchigen Licht und in zartesten Farbabstufungen verlieren – dauernde Begleiter auf einer Reise durch die Toskana.

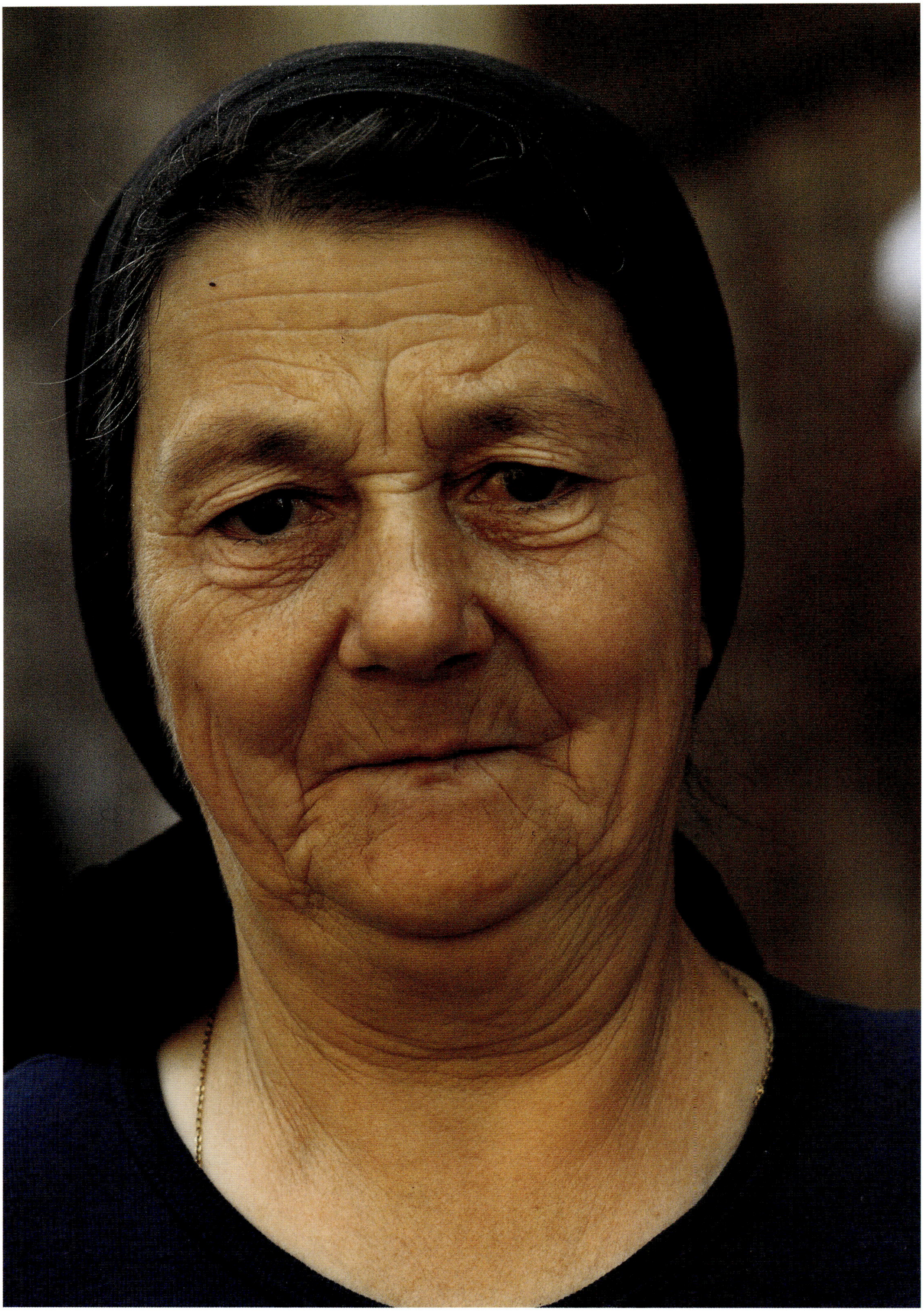

Sie haben noch die Entbehrungen der Mezzadria, der Halbpacht, kennengelernt. Strenge Gesichter, in denen ein hartes bäuerliches Leben seine Furchen hinterlassen hat.

Toskanische Winzer – sie haben es in nur zwei Jahrzehnten geschafft, von Billigweinproduzenten zur Weltelite aufzusteigen.

Mit Kupfervitriol in der handbetriebenen Spritze auf dem Rücken zieht der Weinbauer gegen den Mehltau zu Felde.

Nur spärlich wachsen die Reben bei Asciano am Rande der Crete. Mehr als ein einfacher Chianti wird daraus nicht zu keltern sein.

Nicht nur rote Trauben gedeihen im Chianti-Gebiet. Auch weiße Sorten – vor allem Trebbiano und Malvasia – werden angebaut.

Wie in die Unendlichkeit vergrößerte Rücken von Schafen erscheinen die Hügelketten bei Curiano im Gegenlicht.

Optimal gegen Kälte und Hitze geschützt – die am besten isolierte Hundehütte Italiens steht bei einem Bauernhof in der Nähe von Torrenieri.

Verwunschener Hauseingang bei Lilliano. Ein verlassenes Mezzadria-Häuschen wartet darauf, aus dem Dornröschenschlaf geweckt zu werden.

Von Grabstätten und Aquädukten – Geschichte von den Etruskern bis zur Neuzeit

Und ich dachte wieder darüber nach, daß doch der heutige Italiener so viel etruskischer ist als römisch: empfindsam, schüchtern, von echter Sehnsucht nach Mysterien und Symbolen erfüllt, fähig, sich aufrichtig über kleine Dinge zu freuen, nur heftig, wenn er verkrampft ist, und gänzlich ohne Härte, ohne angeborenen Willen zur Macht.

Spontane und uneingeschränkte Zustimmung zu dieser Einschätzung, besser wohl Wertschätzung, die der englische Schriftsteller D. H. Lawrence 1928 in seinem Werk „Landschaft und Geheimnis der Etrusker" den Italienern angedeihen ließ! Aber nicht, ohne die notwendige Ergänzung daran zu knüpfen: und um wieviel mehr noch gilt dies erst für die Toskaner! Und auch Curzio Malaparte, Deutsch-Italiener aus dem toskanischen Prato, spürt in seinen Landsleuten Tugenden auf, die an ein dreitausendjähriges Erbe erinnern:

Eine hohe Tugend der Toskaner ist diese unverblümte Art. Du findest sie nicht nur im Munde von Lümmeln und Liederjanen, sondern auch im Munde eines Dante und eines Boccaccio, eines Sacchetti, eines Lorenzo Magnifico, eines Machiavelli. So ist es ein großes Glück für alle in Italien, daß die Toskaner intelligente und somit freie Menschen sind. Und ein noch größeres Glück wäre es, wenn es in Italien mehr Toskaner und weniger Italiener gäbe. Denn Italien benötigt Leute, die ihm Ehre machen; so wie ihm die Toskaner Ehre machen allein durch den Umstand, daß sie intelligent und frei sind, und deshalb, da sie mitten in Italien, Stützpunkt der Waage, sitzen, ein Gegengewicht gegen die beiden an Intelligenz und Freiheit armen Teile bilden, in die Italien geteilt ist. (Verdammte Toskaner, 1956).

Zeittafeln, die die Geschichte der Toskana von ihren Anfängen an rekapitulieren, beginnen in aller Regel mit einem etwas unpräzisen „um 1000 vor Christus – die Etrusker". So vage die Daten, so geheimnisvoll und zugleich bewundernswert sind uns die Etrusker in vielem bis heute geblieben. Und dieses Geheimnisvolle, gelegentlich fast schon Unheimliche, hat seine Wurzeln vor allem im augenfälligsten Erbe dieser Urahnen der Toskana: ihren Totenstädten, den Nekropolen. Ihr Totenkult und ihre Bestattungsriten geben denen, die die Zeichen und Symbole lesen und deuten können, Einblick in ihr Leben.

Die Etrusker: sie lebten in dem Glauben, daß die Individualität eines Menschen auch im Grab weiterhin existiert, ein Teil seines irdischen Selbst den Tod überdauert. Und so war es nur konsequent, daß sie ihren Toten weit mehr als nur unterirdische Grabkammern bauten. Das faszinierende und wohl auch einmalige an ihren Stätten der Totenruhe: sie sind allesamt den Häusern der Lebenden bis in Details hinein nachempfunden. Unterirdische Dienerkammern, Atrien und Vestibüle führen uns in eine beispiellose Welt voller Hinweise auf das Dasein der Lebenden. Und weil diese Totenstädte entweder aus Stein erbaut oder in Felsen gehauen wurden, sind uns viele dieser Zeugnisse über die Jahrhunderte bis heute erhalten geblieben.

Ihr Glaube an das Weiterleben im Grabe machte es den Hinterbliebenen nicht nur zur unabdingbaren Pflicht, für eine ordentliche Behausung ihrer Verstorbenen zu sorgen. Reiche Familien betteten ihre Toten wie selbstverständlich in denselben Luxus, den sie zu Lebzeiten gewohnt waren. So wurden wertvoll verzierte Steinsarkophage mit plastischen Abbildungen der Verstorbenen gefunden, sind uns Büsten, Reliefs und

Gesichtsmasken von überwältigender Schönheit und Ausdruckskraft erhalten geblieben. Auch Grabbeigaben waren erforderlich: Waffen, Bronzebehälter, Goldschmuck, Statuen und vieles andere mehr wurden nach zwei Jahrtausenden der Grabesruhe wieder ans Tageslicht gebracht — nicht selten unter abenteuerlichen Umständen. Bei Chiusi wird die Geschichte eines Bauern kolportiert, unter dessen Füßen die Erde während der Feldarbeit einbrach und der sich unversehens drei Meter tiefer wiederfand — inmitten eines mit prächtigen Sarkophagen bestückten Raumes. Und noch einen Fundus für Archäologen und Historiker hat uns die Kühle der Erde konserviert: die Wände der Grabkammern waren nicht kahl, sondern mit Bildern aus dem Alltagsleben geschmückt — die tägliche Arbeit, die Jagd, das Leben, die Liebe. Tänzer sind auf den Wandgemälden verewigt, Reiter, Szenen von festlichen Gelagen, Ringkämpfer und sich liebende Paare. Alles Bilder von großer Intensität, einer bis heute erhaltenen, zum Teil erstaunlichen Farbigkeit und von packender Ausdruckskraft. Die Gräber als Fundgrube, das Reich der Toten als Spiegel für die Welt der Lebenden.

Hierzu noch einmal D. H. Lawrence:

Doch interessanter noch als die symbolischen Darstellungen sind die Szenen aus dem wirklichen Leben, wie Eberjagden, Zirkusspiele, Festzüge, Abreisen in Planwagen, fortsegelnde Schiffe, Stadttore, die erstürmt, Opfer, die dargebracht werden, Mädchen mit offenen Schriftrollen, als wenn sie in der Schule vorläsen; viele Bankette mit Mann und Frau auf dem Festmahlslager, musizierenden Sklaven und Kindern ringsumher. Weiter gibt es viele wirklich zärtliche Abschiedsszenen: so, wenn der Verstorbene seinem Weibe Lebewohl sagt, als er die Reise antritt oder der Wagen ihn fortträgt oder das Pferd auf ihn wartet. Manchmal ist auch die Seele allein, und neben ihr stehen die todbringenden Geister mit ihren Hämmern, die den tödlichen Schlag versetzen.

Viele und wohl auch die bedeutendsten etruskischen Nekropolen liegen außerhalb der heutigen politischen Grenzen der Toskana weiter südlich im Latium. Zu den wichtigsten Grabstätten auf toskanischem Boden zählen die Funde bei Populonia in der Nähe von Piombino, bei Vetulonia nordwestlich von Grosseto sowie bei Chiusi, hart an der Grenze zu Umbrien südöstlich von Montepulciano. Chiusi war in dieser Epoche eine der mächtigsten unter den zwölf Städten Mittelitaliens. Das dortige Affengrab, das Tomba di Scimmia, ist für seine Wandgemälde berühmt. Eine Szene zeigt Ringkämpfer, denen ein Äffchen — es hat dem Grab den Namen gegeben — zuschaut.

Trotz all dieser Hinterlassenschaften gibt es über die Herkunft der Etrusker bis auf den heutigen Tag unterschiedliche, sich vollkommen widersprechende Theorien. Und diese Unsicherheit trägt nicht unwesentlich bei zum Mythos, der sie bis heute umgibt. Zwar ist ihre Sprache weitgehend entschlüsselt worden, doch bieten die gefundenen schriftlichen Überlieferungen nur unzureichende Anhaltspunkte, um sie verbindlich einordnen zu können. Auf jeden Fall aber — soviel ist sicher — bildeten sie die erste Hochkultur dieser Gegend, und die lateinische Bezeichnung „Etrusci" oder auch „Tusci" gab der Landschaft ihren Namen — Etrurien zunächst, später dann Toskana. Vor ihnen sind hier bisher nur einige wenige Spuren menschlicher Zivilisation aus der Bronzezeit, etwa 1400 v. Chr., nachzuweisen. Über die Herkunft der Etrusker streiten sich im wesentlichen zwei Schulen. Die eine Theorie sieht sie als Einwanderer, die aus dem Osten, aus Kleinasien, gekommen sind. Die andere Theorie hält die Etrusker für Autochthone, also für Einheimische. Eine dritte Theorie, wonach sie aus Nordeuropa eingewandert seien, wird kaum noch vertreten. Interessant jedenfalls und erstaunlich ist es, daß sich für die beiden führenden Ansichten schon in der Antike Belege finden.

Dem Tyrrhenischen Meer gaben sie den Namen — doch ihre Herkunft liegt im Dunkel

Der Grieche Herodot, der Vater aller Geschichtsschreibung, berichtet in seinen „Historien" von einer dramatischen Hungersnot in Lydien im 5. vorchristlichen Jahrhundert. Nach jahrelangen Entbehrungen und als keine Besserung in Sicht war, habe der König aus den Lydern zwei Gruppen gebildet und sie losen lassen:

Die einen zum Bleiben, die anderen zum Auszug aus dem Land, und zu der einen Gruppe, die das Daheimbleiben erloste, habe der König sich selber gesellt, zu der aber, die sich von der Heimat löste, seinen eigenen Sohn namens Tyrsenos. Die von ihnen, die das Los getroffen hatte, aus dem Land zu gehen, seien nach Smyrna hinuntergezogen und hätten Fahrzeuge gebaut. Nachdem sie in diese alles verladen, was ihnen zur Seefahrt nötig war, seien sie auf der Suche nach Lebensmöglichkeit und Land abgefahren. Nachdem sie an vielen Völkern vorbeigekommen, seien sie zu den Ombrikern (= Umbrern) gelangt; dort hätten sie Städte gegründet und wohnten noch heute dort. Statt Lyder hätten sie sich nach des Königs Sohn genannt, der sie dorthin geführt habe. Nach ihm hätten sie ihren Namen gebildet und sich also Tyrsener genannt.

Das Tyrrhenische Meer trägt noch heute diesen Namen.

400 Jahre später, zur Zeit des römischen Kaisers Augustus, wartete der Geschichtslehrer Dionysos von Halikarnassos, von Geburt Grieche, aber in Rom lehrend, mit einer gänzlich anderen These auf und widersprach der Herodotschen Einwanderungstheorie entschieden:

Ich glaube nicht, daß die Tyrrhener aus Lydien eingewandert sind. Sie sprechen auch nicht dieselbe Sprache wie die Lyder, und niemand kann behaupten, daß sie irgendein Merkmal aufweisen, das aus ihrem angeblichen Herkunftsland stammen könnte. Sie beten nicht zu denselben Göttern wie die Lyder. Sie haben nicht dieselben Gesetze, und zumindest in dieser Hinsicht unterscheiden sie sich stärker von den Lydern als von den Pelasgern. Daher stimme ich denjenigen bei, die meinen, die Etrusker seien nicht aus der Fremde gekommen, sondern ein einheimischer Stamm; meiner Ansicht nach scheint dafür die Tatsache zu sprechen, daß sie ein sehr altes Volk sind, das in Sprache und Sitte keinem anderen gleicht.

Der heutige Stand der Wissenschaft tendiert zur Theorie des autochthonen, ureingesessenen Volkes, das — soviel steht fest — im 6. Jahrhundert v. Chr. seinen kulturellen Höhepunkt erlebte und seine Herrschaft bis über Rom hinaus nach Neapel ausbreiten konnte. Im Norden reichte ihr Herrschaftsgebiet bis zur Po-Ebene beim heutigen Modena und Mantova. Einen letzten großen Sieg errangen sie – zusammen mit dem phönizischen Karthago – über die Griechen, die vor allem im südlichen Italien ihre Kolonien hatten. In der Seeschlacht vor Alalia bei Korsika im Jahre 540 v. Chr. festigten sie ihre unumschränkte Vorherrschaft auf dem Tyrrhenischen Meer. „Etruria Propria", eine Konföderation zwölf mittelitalienischer Stadtstaaten, bildete bis zum 4. Jahrhundert v. Chr. eine Hoch- und Blütezeit der etruskischen Kultur. Aus der heutigen Toskana waren Arezzo, Cortona, Chiusi, Fiesole, Populonia, Roselle, Volterra und Vetulonia Mitglieder dieses mächtigen Städtebundes.

Doch dieser Höhepunkt der Macht läutete gleichzeitig auch schon die Wende zum allmählichen Niedergang ein. Die Griechen gewannen zur See in der Schlacht von Cumae bei Neapel im Jahre 474 v. Chr. einen Großteil der Vorherrschaft auf dem Tyrrhenischen Meer zurück. Und auf dem Festland erstarkten die Römer mehr und mehr. Sie beginnen ab dem 4. Jahrhundert v. Chr. mit der schrittweisen Eroberung der Toskana. Es gelang ihnen, sowohl durch militärische wie auch durch freundschaftliche Bündnisse mit etruskischen Städten, immer mehr ihre Vorherrschaft auszubauen und zu festigen. Und obwohl die Römer von den Etruskern sogar ihr Machtsymbol übernahmen – die Fasces, jene mit Zweigen umwickelte Axt, Symbol für das Recht zu exekutieren und zu geißeln – ließen sie von deren Hochkultur nur wenig überdauern.

Die Eroberten als Lehrmeister ihrer Eroberer – von den Etruskern zu den Römern

Dem organisatorischen Perfektionismus der Römer und der straff geplanten Erschließung des Landes, vor allem durch Stadt-, Brücken- und Straßenbauten, hatten die Etrusker immer weniger an eigenen Ideen, Konzepten und Initiativen entgegenzusetzen. Die Römer bauten die Via Aurelia entlang der Küste über Pisa bis hinauf nach Genua. Die Via Cassia verband seit 154 v. Chr. im Landesinnern Rom mit Arezzo und Florenz und führte im Norden weiter bis nach Bologna. Lebensadern, an denen entlang sie ihren Vormarsch organisierten. Auf den Ruinen und Fundamenten der etruskischen Ortschaften errichteten sie ihre Städte – Arezzo, Volterra, Vetulonia. Schritt für Schritt wurden die Etrusker ihrer kulturellen Identität beraubt. Was brauchbar erschien, wurde von den neuen Herren übernommen, absorbiert und sodann als eigene Leistung hingestellt. Wer heute die imposanten Aquädukte aus römischer Zeit bewundert, sollte sich jedoch daran erinnern, daß der toskanische Bogen, jenes dominierende stilistische und statische Element, von den Etruskern entwickelt wurde. So können die Etrusker in vielem als die Lehrmeister ihrer Eroberer angesehen werden.

Rund acht Jahrhunderte dauerte die römische Herrschaft über das Gebiet der Toskana. Wie alle von den Römern eroberten Gebiete mußte es seinen Tribut an die neuen Herrscher zahlen. Soldaten und Geld waren zu stellen für die Feldzüge Roms gegen Karthago, das in den drei Punischen Kriegen besiegt wurde, für den Aufmarsch gegen die Gallier und die Diadochenreiche. Trotz aller Machtausübung, Einflußnahme und Romanisierung ließ Rom den Städten in weiser Selbstbeschränkung ein gewisses Maß an Autonomie. Als Augustus die Verwaltung Italiens neu ordnete, wurde Etrurien sogar zur eigenständigen Region erklärt. So konnte die kulturelle und religiöse Einheit über die Jahrhunderte hin in einem beachtlichen Umfang bewahrt werden. Ein berühmter Toskaner etruskischer Abstammung, Gaius Maecenas, Urbild des engagierten Förderers von Dichtung und Kunst und Vater aller Mäzene, war im übrigen Kaiser Augustus als einflußreicher Berater freundschaftlich verbunden.

Mit dem Niedergang des Römischen Reiches zu Beginn des 4. Jahrhunderts wurde auch für die Toskana eine Zeit des Verfalls der Städte und ihrer kulturellen Traditionen eingeläutet. Auch der Bergbau, der schon den Etruskern einen Gutteil ihres Wohlstandes eingebracht hatte, war zum Erliegen gekommen. Heute werden an den historischen Stätten in Selvena, San Filippo, Solforate, Siele, Bagni und Abbadia San Salvatore rings um den Monte Amiata die Quecksilbersulfidvorkommen wieder ausgebeutet.

Mit dem Einbruch der Hunnen in Europa begann gegen Ende des vierten Jahrhunderts die Zeit der Völkerwanderung. Die Geschichtsschreibung spricht präziser von der Barbarenherrschaft der Westgoten, Vandalen, Hunnen und Alemannen, die die Toskana mit Krieg, Plünderung und Zerstörung überzogen. 405 standen die ersten Horden vor den Stadttoren von Florenz. Das Land versank in Bedeutungslosigkeit. Erst als die Langobarden, die Langbärte, in der zweiten Hälfte des sechsten Jahrhunderts in Italien eindrangen, ging es mit dem Landstrich allmählich wieder bergauf. Die politische Einheit und Selbständigkeit wurde wieder hergestellt. Lucca stieg zu einer bedeutenden Stadt auf. Tuscien wird, neben Benevent und Spoleto, langobardisches Herzogtum.

Guelfen und Ghibellinen – Papst- und Kaisertreue. Die Schlachtordnung für die kommende Zeit formiert sich

Dieser Zustand hielt gut 200 Jahre, bis Karl der Große das Langobardenreich eroberte und mit dem Frankenreich vereinigte. Aus dem langobardischen Herzogtum Tuscien wurde eine fränkische Markgrafschaft. Das Feudalsystem breitete sich aus und wurde für lange Zeit zur beherrschenden politischen Struktur. Daran änderte sich auch nichts, als Otto der Große von der langobardischen Königswitwe Adelheid um Hilfe gebeten wurde und fortan Nord- und Mittelitalien seinem deutsch-römischen Imperium einverleibte. Die deutsche Italienpolitik beginnt. Von 951 bis 1268 herrschen deutsche Kaiser in Italien. Die Auseinandersetzungen mit dem Papsttum sind Legion und führen zur Bildung zweier rivalisierender Parteien, die zu bedeutenden Machtfaktoren auch im Wettstreit der Städte untereinander werden: die Anhänger des Papstes, die

Guelfen (Welfen) und die Anhänger der deutschen Kaiser, die nach der Stauferburg Waiblingen benannten Ghibellinen.
Die Konflikte zwischen Kaiser und Papst nehmen an Schärfe zu, und die Toskana gerät dabei unversehens ins Zentrum des Geschehens, ist sie doch südliches Grenzland zum römischen Kirchenstaat. Eine der schwärzesten Stunden erlebte das Kaiserreich im bitterkalten Januar des Jahres 1077. Papst Gregor VII. hatte seinen Bannstrahl gegen den deutschen Kaiser Heinrich IV. gerichtet und Markgräfin Mathilde von Tuscien im Streit zwischen Papst und Kaiser für Rom Partei ergriffen. Heinrich zog also als Büßer und nur mit wenigen Begleitern nach Italien, um die päpstliche Absolution zu erhalten. Der Papst fürchtete jedoch eine Falle und floh auf die Burg Canossa seiner ihm wohlgesonnenen Markgräfin Mathilde. Erst als der Papst von den lauteren Absichten Heinrichs überzeugt war, ließ er ihn ein, erteilte die Absolution und Heinrich konnte, wenn auch politisch deutlich geschwächt, seine Krone retten. Diese historischen Fakten sind belegt. Daß Gregor mit Mathilde zwischenzeitlich angeblich ein Techtelmechtel hatte, dagegen nicht. Tatsache wiederum ist, daß sie nach ihrem Tod im Jahre 1115 fast die ganze Toskana der Kirche vermachte, was zu einem hundertjährigen erbitterten Streit zwischen Kurie und Kaisern führte, der erst 1213 durch den Verzicht Friedrich II. beigelegt werden konnte.
Die andauernden Auseinandersetzungen zwischen Kaiser und Papst hinterließen ein politisches Vakuum und eine Schwäche des Reiches, die von den aufstrebenden toskanischen Städten geschickt genutzt wurde. Der Grundstein für den Aufstieg der städtischen Republiken wurde so gelegt. Sie konnten dem Kaiser mehr und mehr Rechte abtrotzen, was sich in symbolischen Gesten wie in handfesten Zugeständnissen manifestierte. So durfte Heinrich IV. rund um Lucca im Abstand von etwa zehn Kilometern keinen Palazzo mehr bauen. In Pisa verzichtete er gar auf die höchste Gerichtsbarkeit der Stadt. Der Machtzuwachs der Städte ging einher mit einem enormen Bevölkerungswachstum, gespeist vor allem von der Landflucht, die in der Toskana dramatische Züge annahm. Handwerk und Handel florierten zusehends und boten der ärmlichen Landbevölkerung attraktive Alternativen zur Arbeit auf dem Feld.
Ein Werbetexter von heute hätte es kaum vortrefflicher ausdrücken können als Dino Compagni in seiner „Cronica" aus dem Jahre 1312:

Selbige Stadt Florenz ist sehr volkreich und mehret sich um ihrer guten Luft willen; die Bürger sind wohlgesittet, die Frauen sehr schön und reich geschmückt; die Behausungen sind prächtig, voll aller Gewerbe zu Nutz und Ergötzen mehr denn andere Städte Italiens. Um welcher Dinge viele von weither kommen die Stadt zu sehen, nicht gezwungenerweise, sondern um der Vortrefflichkeit willen der Gewerbe und Künste und der Stadt Schönheit und Zierde zuliebe.

Und das vor Selbstbewußtsein nur so strotzende Empfinden der Städte und Stadtstaaten beschrieb zu Beginn des 15. Jahrhunderts der Schriftsteller Leonardo Bruni Aretino am Beispiel seiner Heimatstadt Florenz:

Die Stadt steht im Zentrum des Staates wie ein Hüter und Meister. Ortschaften umgeben sie, so wie der Mond von Sternen umgeben ist. Der Florentiner Staat könnte mit einem runden Schild verglichen werden, bei dem eine Reihe von Ringen den zentralen Knauf umgeben. Dieser Knauf ist die Stadt selbst, dominiert von dem Palazzo Vecchio, einer mächtigen Burg, dem Zentrum des Schildes. Die Kreise darum werden zunächst von den Stadtmauern und Vororten gebildet, dann von einem Ring von Landhäusern und schließlich von einem Kreis von entfernteren Ortschaften.

Daß diese Vororte, Landhäuser und entfernteren Ortschaften von Florenz unterdrückt und oft gewalttätig niedergehalten wurden, verschweigt Aretino allerdings.

Blühender Handel und kleinkarierter Händel, Geld scheffeln und streiten – das Lebensmotto der Adelsfamilien

Pisa, Lucca, Florenz und Siena sind die Zentren der städtischen Entwicklung, die sich nach dem Zusammenbruch des Kaiserreiches noch beschleunigte. Der Handel blühte auf, die Handwerkszünfte errangen als Folge ihres wirtschaftlichen Einflusses auch immer mehr politische Bedeutung. Und Siena wurde zu einer Wiege des Bankwesens und des Kapitalismus. Mit dem im Handel erworbenen Geld gründeten die Sienesen Banken und verliehen es gegen Zinsen an Klerus und umliegende Dörfer. 1181 wurden in der Stadt die ersten eigenen Münzen geprägt. Die „Monte dei Paschi di Siena" ist die älteste Bank Italiens. Sie existiert noch heute mit Filialen in der ganzen Toskana.
Dies alles hielt jedoch die ehrbaren Adelsfamilien nicht davon ab, sich untereinander heftigst zu befehden und Bürgerkriege übelster und gemeinster Art zu führen. Zum Schutz – aber auch oft aus purem Prestigedenken – bauten sie sich im Zentrum der Städte befestigte Wohntürme, um sich dort verschanzen zu können. Und wie weltliche und kirchliche Mächte ihre Rivalitäten oft mit der Höhe ihrer Kirch- und Rathaustürme symbolisch austrugen, so wetteiferten auch die Familien mit der Höhe ihrer Wohntürme. Das am besten erhaltene und augenfälligste Beispiel hierfür: San Gimignano, das „Manhattan des Mittelalters".
Unter den toskanischen Städten die mächtigste war während des 12. und bis in die Mitte des 13. Jahrhunderts hinein Pisa, das seine Stärke in ganz wesentlichem Maße auf seine Politik im Mittelmeerraum stützen konnte. Erfolgreiche Eroberungszüge zur See nach Korsika, Sardinien und auf die Balearen festigten seine Stellung ebenso wie die Teilnahme an Kreuzzügen. Pisa lag damals noch direkt am Wasser. Erst im Laufe der Jahrhunderte haben Ablagerungen des Arno die Stadt mehr und mehr vom Ufer des Tyrrhenischen Meeres getrennt. Steingewordener Ausdruck ihrer Macht wurde der Dom auf der Piazza dei Miracoli. Die geistige und wissenschaftliche Überlegenheit dokumentiert im 12. Jahrhundert die Gründung einer der ältesten italienischen Universitäten. Der Baustil des Domes zu Pisa wurde Vorbild für andere Städte, die dem aufstrebenden kaisertreuen, ghibellinischen Pisa nacheiferten. Siena, Lucca und Prato bauten ihre Gotteshäuser in Anlehnung an diesen Dom.

La Toscane

Rencontre avec le pays des collines et des cyprès.

9 Aussi important que l'espresso du matin, coup d'œil dans l'un des grands quotidiens du pays: „La Nazione", „La Repubblica", „La Stampa" et „Corriere della Sera".

10 Pin parasol sur une colline près de Chiusure.

11 Sur ses sommets, la Toscane dresse vers le ciel les modestes demeures de ses habitants.

12/13 Paysage toscan près de Monteroni d'Arbia dans sa simple beauté.

14/15 Le pays de San Quirico d'Orcia ondoie doucement entre les montagnes de Montalcino et de Montepulciano.

16 Printemps dans les environs de Taverne d'Arbia.

17 Dans la région de Torrenieri: sol dur, grossier sur lequel les paysans ont appris depuis des générations à ronchonner et à végéter.

18/19 Florence, dans la lumière laiteuse du crépuscule.

20 Harmonie et équilibre: les idéaux de la Renaissance sont représentés par cette statue sur la Piazzale Michelangelo à Florence.

21 Le Dôme de Sienne. Il aurait dû être la plus grande construction gothique d'Italie. Des problèmes de statique et la peste ont arrêté ce projet géant.

22 Vieux murs, crépi fendillé, les maisons des habitants de la campagne sont modestes — ici près de San Casciano dei Bagni.

23 Avant-saison à Montepulciano: jusqu' à Pâques, le gardien de musée peut se prélasser.

24 San Gimignano: des 56 tours élevées par les familles influentes, il n'en reste que 13.

33 Front de nuages menaçants sur les terres arides des „Craies siennoises".

34/35 Près de Buonconvento au sud des „Craies siennoises": images d'une infertilité aride.

36/37 Les „Craies siennoises" au fil des saisons.

38/39 Sfumato — cette brume, qui hantait les peintres de la Renaissance, se pose ici comme un filtre sur la chaîne de montagnes près de Volterra.

40 Champ près de San Giovanni d'Asso.

41 Atmosphère d'automne près de Pienza.

42/43 Rêve ou réalité — ils se mélangent en nuances de coloris infiniment délicats dans les lignes de collines. Ici près de Vittoria.

44 Messagers de l'hiver proche. Les arbres ont perdu leur feuillage, le brouillard monte et habille tout de gris cotoneux.

45 Typique de la Toscane: un paysage réduit au minimum — sol et arbre sous un ciel immense. Ici près de Mucigliani.

46/47 L'herbe d'automne s'est étendue comme une chaude fourrure protectrice sur les collines des „Craies siennoises" menacées par l'érosion.

48 Environs de la ville étrusque de Volterra.

57 Combat éternel entre soleil et brume, lumière et brouillard.

58/59 Tôt le matin dans une ferme près de Monteroni d'Arbia. 25% de la Toscane sont encore exploités pour l'agriculture.

60/61 Région de Pievina.

62/63 Ils ont connu les privations de la Mezzadria (demi-fermage).

64 Viticulteurs toscans.

65 La sulfateuse sur le dos, le viticulteur part en guerre contre le mildiou.

66 Près d'Asciano, à la limite des „Craies siennoises", les vignes ne font que végéter. On n'arrive pas à en tirer autre chose qu'un simple Chianti.

67 Dans la région de production du Chianti.

68/69 Cave comme il y a cent ans, toute la fierté de ce viticulteur près de Chiusure.

70 La chaîne des collines près de Curiano à contre-jour.

71 Protégée au maximum du froid et de la chaleur, la niche la mieux isolée de toute l'Italie se trouve près de Torrenieri.

72 Entrée de maison enchantée près de Lilliano.

81 Tête de toscan. Il y a cinq cents ans, Léonard de Vinci l'aurait volontiers pris pour modèle pour ses études de portraits.

82 Ils fournissent la matière première pour le Pecorino, ce petit fromage de chèvre dur et parfumé.

83 Berger et son troupeau de mouton près d'Asciano.

84/85 Elevage en batterie? Jamais entendu parler! Poules heureuses près de San Casciano dei Bagni.

86/87 Ces deux poules iront aujourd'hui dans le pot du paysan. Aux temps du Mezzadria, il fallait en céder une au propriétaire terrien.

88/89 Images d'une tradition paysanne passée qui ne s'est perpétuée qu'ici et là.

90 A la campagne, les vieux travaillent encore.

91 Sorano, la ville du tuffe: ici les traditions marquent encore la vie quotidienne.

92 Une nonne près de Montalcino.

93 Paysan de San Quirico d'Orcia.

94 Pas de piazza sans son armée de pigeons, ici à Sienne, sur la Piazza del Campo, centre de la vieille ville.

95 Pause de midi à Florence.

96/97 Bons baisers de Florence et bonheur à Arezzo. C'est là qu'est né vers 70 avant J.-C. Gaius Maecenas, protecteur des arts et „mécène".

98 La rue sert tout naturellement de cadre de vie, de prolongement de l'appartement, de lieu de travail; comme ici à Asciano.

99 Salon de glace à Volterra: bilinguisme en prévision de la saison à venir.

100 Se non è vero è ben trovato — près de Porto San Stefano.

101 Filets de pêcheur près de Marina di Pisa à l'embouchure de l'Arno.

102/103 Dehors et dedans.

104 Art ou Kitsch, on vit bien du marbre à Carrare.

113 Ce chemin mène à l'église de pèlerinage Madonna di San Biagio près de Montepulciano.

114 Pienza, lieu de naissance d'Enea Silvio Piccolomini, le futur Pape Pie II, qui a fait construire cette ville idéale selon les critères de la Renaissance.

115 San Casciano dei Bagni dans la province de Sienne.

116/117 A Pitigliano, on distingue à peine où s'arrête le rocher et où commence le mur.

118/119 Dôme et Torre Pendente sur la Piazza dei Miracoli à Pise. Il y a 400 ans, Galilée y a étudié depuis la Tour penchée les lois de la chute libre.

120 Reliefs, portraits, arcs en plein cintre et pignons: sur le Baptistère de Pise.

121 en haut Angelots nus, jouflus et enjoués — incarnation de la joie de vivre enfantine devant le Baptistère de Pise.

121 en bas Le Dôme Santa Maria Assunta, basilique à cinq nefs en marbre blanc; à l'arrière-plan, le Baptistère de Pise.

122/123 Brume sur Florence — non pas le célèbre sfumato, don de la nature, mais le smog de l'ère industrielle.

124 Il ne faut pas avoir peur des animaux sauvages: un pigeon sur la Fonta Gaia, sur la Piazza del Campo à Sienne.

125 La coupole du Dôme de Florence, à gauche, le Campanile et le Baptistère; tout à gauche, l'Hôtel de Ville.

126/127 Détail de la façade du Dôme de Florence. La gigantesque construction gothique a été commencée en 1296 et consacrée en 1436.

128 Brèches, portes, lumière et ombre dans la vieille ville de Volterra.

129 Beauté du style, perfection de la statique: arcs en plein cintre sur une façade de Volterra.

130 Le Ponte Vecchio, le plus ancien pont sur l'Arno à Florence, mentionné pour la première fois en 996.

131 Le Palazzo Pubblico sur le côté sud de la Piazza del Campo à Sienne: somptueuse construction gothique en brique et travertin.

132/133 La Piazza del Campo à Sienne, centre de la vieille ville et arène pour la célèbre course de cavaliers, le „Palio".

134 La Villa Mansi près de Lucca. Les familles riches ont construit leurs maisons de rêve devant les portes de la ville, car il n'y avait pas de place pour elles à l'intérieur des remparts (Mura Antiche).

135 Dans le jardin de la Villa Garzoni près de Collodi, dans la région de Lucca — l'un des plus beaux jardins baroques de la Toscane.

136 Le Pont du Diable qui enjambe de ses arches hardies le Fiume Serchio près de Borgo a Mozzano. Il a été construit au 11e siècle, c'est l'un des ponts les plus anciens d'Italie.

141 Atmosphère du soir près de Castelnuovo Berardegna.

142/143 L'abbaye bénédictine Monte Oliveto Maggiore, fondée au début du XIVe siècle.

144/145 Champ de colza près de San Quirico d'Orcia, au sud-est de Sienne. Les Romains s'étaient déjà installés ici près de la Via Cassia.

146/147 Lever de la lune sur Montepulciano. De somptueuses constructions Renaissance et baroques donnent son cachet à la ville. Au premier plan, l'église de pèlerinage Madonna di San Biagio.

148 La muraille de Monteriggioni, vieille de six cents ans, couronne ce sommet au sud-est de Colle Val d'Elsa. Les 14 tours de défense existent toujours.

149 L'abbaye de San Antimo est située au sud-est du Montalcino. Le monastère roman a été fondé par Charlemagne.

150 Castaldo se dresse au dessus des champs de tournesols. Le poète Boccace mourut en 1375 dans cet ancien centre administratif de la région de Florence.

151 Magnificence des couleurs sur une prairie près de Pienza.

152/153 Arcidosso — le village dresse fièrement vers le ciel les cubes de ses maisons.

154 Les carrières de marbre étincellent comme les neiges éternelles depuis les hauteurs des Alpes apuanes.

155 A la lumière du soleil, la paroi blanche de la carrière de marbre semble être l'agrandissement en perspective de cette façade d'une maison de Bedizzano.

156 Cetona, tout près de la frontière de l'Ombrie, sur une colline au dessus du fleuve Astrone, a été fondée par les Etrusques.

161 Heure bleue près de Mucigliani.

162 Rouge flamboyant devant un décor sévère — des ombres cyprès montent la garde comme des soldats.

163 Les „Craies siennoises": des sols érodés et des surfaces agricoles sont étroitement imbriqués. Qui sera le vainqueur?

164/165 Dans l'immensité aride du pays de Torrenieri, les moutons et les cyprès se rassemblent en groupes protecteurs.

166/167 Semblables à une horde d'animaux préhistoriques endormis, des balles de paille sur un pré.

168 Vie champêtre paisible dans les environs de San Giovanni d'Asso.

169 Une rangée d'arbres dentelle la ligne d'horizon près de Torrenieri.

170/171 Les „Craies siennoises" dans la région de Taverne d'Arbia.

172 Castel Grignan: une ferme fortifiée rappelle un passé agité souvent guerrier.

173 Le soleil couchant oblique souligne le mur de briques rouges de Ruderi di Torre di Crevole.

174/175 Vue de Mucigliani vers Sienne. Les silhouettes du Dôme et du Palazzo Pubblico ont un air irréel.

176 Ces oliviers noueux aux formes bizarres peuvent atteindre plusieurs centaines d'années.

Traduit par Christiane Ebeling

Tuscany

Land of Hills and Cypresses

9 As important as the morning espresso is a look at one of the great national daily newspapers: La Nazione, La Repubblica, La Stampa or Corriere della Sera.

10 On a hill near Chiusure.

11 On Tuscan hilltops, modest human dwellings brush the sky.

12/13 The simple loveliness of a Tuscan landscape near Monteroni d'Arbia.

14/15 Gently rolling countryside near San Quirico d'Orcia, between the hill towns of Montalcino and Montepulciano.

16 Springtime near Taverne d'Arbia.

17 Near Torrenieri: hard, rough soil, where generations of farmers have learned to curse and to go hungry.

18/19 Florence in its milky twilight.

20 Harmony and proportion: Renaissance ideals embodied in a sculpture on Piazzale Michelangelo, Florence.

21 The Duomo, Siena. Planned as the largest Gothic building in Italy, this vast undertaking was halted by structural problems and by the plague.

22 Near San Casciano dei Bagni: the countryfolk live modestly, amid ancient masonry and crumbling plaster.

23 Before the tourists come to Montepulciano, the museum warder has all the time in the world. At Easter his peace will be rudely disturbed.

24 The San Gimignano skyline. Thirteen out of the original fifty-six dynastic towers have survived.

33 A looming weather front, over the infertile landscape of the Crete.

34/35 Near Buonconvento, on the southern edge of the Crete: the very image of barrenness.

36/37 Seasonal contrasts in the Crete.

38/39 Sfumato – the vaporous haze that so haunted the Renaissance painters – puts the hills near Volterra into soft focus.

40 Fields near San Giovanni d'Asso.

41 Autumnal mood near Pienza.

42/43 Among ranges of hills near Vittoria, dream and reality merge in endless subtile nuances of colour.

44 Winter is on the way. The trees are bare, and the mist rises, cocooning everything in grey.

45 Unmistakably Tuscan, this minimal landscape – nothing but earth and trees beneath a wide sky – is near Mucigliani.

46/47 Autumn grasses cast a warm, protective blanket over the erosion-threatened hills of the Crete.

48 Near the Etruscan city of Volterra.

57 The eternal battle between sun and haze, between light and mist.

58/59 Early morning on a farm near Monteroni d'Arbia; 25 per cent of Tuscan land is still in agricultural use.

60/61 Near Pievina.

62/63 They remember the hardships of mezzadria, the old sharecropping system.

64 Tuscan vinegrowers.

65 With copper sulphate in his hand-operated spray, the vinegrower sets out to do battle against the mildew.

66 Near Asciano, on the edge of the Crete, the sparse vines yield only a very basic Chianti.

67 In the Chianti area.

68/69 A wine cellar unchanged for a hundred years is the pride of this grower near Chiusure.

70 The hills near Curiano, seen against the light.

71 Well protected against cold and heat, the best-insulated dog-kennel in Italy stands next to a farmhouse near Torrenieri.

72 Enchanted doorway near Lilliano. Deserted in the days of mezzadria, a cottage waits to be roused from its slumber.

81 Five centuries ago, the character in this Tuscan face might have earned it a place in Leonardo da Vinci's gallery of portrait studies.

82 They provide the raw material of Pecorino, that firm, round, tangy little ewe's-milk cheese.

83 A shepherd with his flock near Asciano.

84/85 Battery cages? Never heard of them! Happy hens near San Casciano dei Bagni.

86/87 Nowadays both hens will end up in the owner's cooking-pot. In the days of mezzadria, one would have gone to the landlord.

88/89 Scattered survivals of a vanishing peasant tradition.

90 In the country the old people still lend a hand.

91 Built of volcanic rock, Sorano is a place where traditions survive as part of everyday life.

92 A nun near Montalcino.

93 Farmer from San Quirico d'Orcia.

94 No piazza would be complete without its hordes of pigeons: this is Piazza del Campo, the historic centre of Siena.

95 Lunch hour in Florence.

96/97 With love from Florence; bliss near Arezzo. Around 70 BC, this was the birthplace of Gaius Maecenas, whose name is still synonymous with generous patronage of the arts.

98 Asciano: the street is taken for granted as an extension of the home or workplace.

99 Ice-cream parlour in Volterra, in full bilingual readiness for the coming season.

100 Se non è vero è ben trovato: you may not be telling me the truth, but it makes a good story. Near Porto Santo Stefano.

101 Fishermen's nets near Marina di Pisa, at the mouth of the Arno.

102/103 Looking out and looking in.

104 Whether art or kitsch, whether pneumatic chisel or mason's hammer: at Carrara, there has always been a good living in stone.

113 The path to the Renaissance pilgrimage church of Madonna di San Biagio, near Montepulciano.

114 Pienza was the birthplace of Eneo Silvio Piccolomini, later Pope Pius II, who returned here to build an ideal Renaissance city.

115 San Casciano dei Bagni, in the province of Siena.

117 At Pitigliano it is hard to tell where the living rock stops and the masonry begins.

118/119 The Duomo and Leaning Tower, on Piazza dei Miracoli in Pisa. Four hundred years ago, Galileo Galilei used the overhang of the tower for his work on the laws of free fall.

120 Reliefs, portraits, round arches and pointed gables: the Baptistery in Pisa.

121 above Outside the Pisa Baptistery these naked boys, plump-cheeked and playful, embody the joys of childhood.

121 below Pisa: the Duomo, Santa Maria Assunta, is a white marble basilica with double aisles lining the nave. Beyond is the Baptistery.

122/123 Haze over Florence: not the celebrated sfumato, on which Nature casts her spell, but modern industrial murk.

124 No fear of wild beasts. On Piazza del Campo in Siena, a pigeon drinks from the Fonte Gaia.

125 Brunelleschi's masterpiece, the dome of the Duomo, Florence. To its left, the Campanile and Baptistery; far left, the city hall.

126/127 Façade detail of the Duomo, Florence, begun in 1296 and consecrated in 1436.

128 Openings, gateways, light and shade, in the old city of Volterra.

129 Beauty of style and perfection of engineering: round arches on a façade, Volterra.

130 The Ponte Vecchio is the oldest bridge over the Arno in Florence, first mentioned in the records in 996.

131 A magnificent Gothic structure in brick and travertine, Palazzo Pubblico stands on the south side of Piazza del Campo in Siena.

132/133 Piazza del Campo, Siena: the heart of the old city, and the setting for the celebrated mounted games, the Palio.

134 Villa Mansi, near Lucca. Outside the city gates, rich families built the dream houses for which there was no room inside the old city walls, the Mura Antiche.

135 In the garden of Villa Garzoni, at Collodi, near Lucca; one of the finest Baroque gardens in Tuscany.

136 The 'Devil's Bridge' that boldly spans the river Serchio near Borgo a Mozzano. Built in the eleventh century, this is one of the oldest bridges in Italy.

141 Near Castelnuovo Berardegna.

142/143 The abbey of Monte Oliveto Maggiore, founded in the early fourteenth century.

144/145 A field of rape near San Quirico d'Orcia, southeast of Siena, seen across the Orcia and Arno valleys. The Romans settled here, close to the Via Cassia.

146/147 Moonrise near Montepulciano, a town of magnificent Renaissance and Baroque buildings. In the foreground is the pilgrimage church of Madonna di San Biagio.

148 Six centuries old, the walls of Monteriggioni rise like a crown on their hilltop southeast of Colle Val d'Elsa. All fourteen of the angle towers still stand.

149 The Abbadia San Antimo stands southeast of Montalcino. This Romanesque monastery was founded by Charlemagne.

150 Castaldo rises beyond the sunflower fields; it was once the administrative centre of the rural district around Florence. The writer Giovanni Boccaccio died here in 1375.

151 Magnificent colours in a field near Pienza.

152/153 Like a pile of squared rocks, Arcidosso towers into the clouds.

154 The marble quarries shine down like eternal snows from the upper slopes of the Alpi Apuane.

155 In the sunlight, the sheer white face of the marble quarry looks like a perspectival enlargement of this house front at Bedizzano.

156 On its hilltop overlooking the river Astrone, near the borders of Umbria, Cetona was founded by the Etruscans.

161 Blue twilight near Mucigliani.

162 Dancing red against a solemn background: dark cypresses stand guard like soldiers as the poppies run riot.

163 The Crete, where cultivated soil alternates with areas lost to erosion. Which will prevail?

164/165 In the wild, bleak country near Torrenieri, sheep and cypresses huddle together for protection.

166/167 Straw bales lie in the fields like a sleeping herd of primeval beasts.

168 Rural tranquillity, not far from San Giovanni d'Asso.

169 A line of trees stabs into the sky near Torrenieri.

170/171 The landscape of the Crete district, near Taverne d'Arbia.

172 Castel Grignan: hidden behind its screen of oak trees, this rugged, almost fortress-like farmhouse is a reminder of an eventful and often warlike history.

173 A slanting sunbeam picks out the reddish brickwork of Ruderi di Torre di Crevole, near Palazzina, against its dark surroundings.

174/175 The view of Siena from Mucigliani; on the far left are the ghostly silhouettes of the Duomo and the Palazzo Pubblico.

176 Weirdly gnarled olive trees, like this one, often live for hundreds of years.

Translated from the German by David Britt

Das ausgehende 13. Jahrhundert brachte eine dramatische Machtverschiebung unter den toskanischen Stadtstaaten mit sich. Der Stern Pisas begann zu sinken, während im Osten Florenz wie die Morgensonne unaufhaltsam dem Zenit zustrebte. Lucca, Erzfeind des benachbarten Pisa, verbündete sich mit Florenz. Und als die alten Handelsstreitigkeiten zwischen Pisa und Genua 1284 in der Seeschlacht bei Meloria gipfelten, wurde die Stadt am Arno vernichtend geschlagen.
Doch war der Aufstieg von Florenz zur unumstrittenen Nummer eins unter den toskanischen Städten beileibe nicht einfach. Sienas Stellung, vor allem im Geldhandel erworben und gefestigt, war noch ungebrochen, und die Bauwerke, die in jener Zeit dort entstanden und die Macht der Stadt dokumentierten, allen voran der Palazzo Pubblico mit seinem 86 Meter hohen Torre del Mangia an der Piazza del Campo, sind heute so faszinierend wie damals. Zwei Ereignisse ließen jedoch die Macht Sienas verblassen. 1389 schlugen die Guelfen bei Arezzo die Ghibellinen. Und der Schwarze Tod, die Pest, wütete nirgends so gräßlich wie innerhalb der Sieneser Stadtmauern. Der Tod von 80.000 Einwohnern ist überliefert.

Zum ersten Mal: das Volk muckt auf. Morgenröte des Klassenkampfes?

Pisa und Siena am Boden – es gab nun nichts mehr, was sich dem Aufstieg von Florenz noch hätte entgegenstellen können. Selbst die noch immer weiterschwelenden Fehden zwischen den mächtigen Familien, zwischen Anhängern der Guelfen (später der Schwarzen) und der Ghibellinen (der Weißen) konnten nicht verhindern, daß sich die Stadt am Arno zur reichsten Stadt der Toskana, Italiens, wenn nicht der gesamten abendländischen Welt entwickelte. In dieser Zeit führte der permanente und oft genug gewalttätig – und damit auf dem Rücken der Bevölkerung – ausgetragene Streit zwischen den großen Familien zu ersten Ansätzen einer Politisierung des einfachen Volkes. In Jahre 1250 kommt es zu einer großen Volkserhebung, die dem Historiker Lucas-Dubreton gar als „Morgenröte des neuzeitlichen Klassenkampfes" erschien. Immerhin war es die Initialzündung zu einer in ihren Grundzügen demokratisch verfaßten Volksregierung, die den Einfluß der großen Geschlechter zumindest zurückdrängte. Deren Wohntürme mußten allesamt auf eine maximale Höhe von 26 Metern abgetragen werden – ein Akt von mehr als nur symbolischer Wirkung. Von hier jedoch schon einen Bogen zu schlagen zur „roten Toskana" der Neuzeit, wäre etwas kühn und verfrüht.
Die Geschichte der dominierenden Stadt der Toskana wird in den kommenden Jahren bestimmt durch die Namen der großen, einflußreichen Familien: Albizzi, Strozzi, Alberti, Ricci und natürlich die Medici. Hätten die Albizzi die Steuerschraube nicht so übergebührlich angezogen, um ihre diversen kriegerischen Händel finanzieren zu können – vielleicht hätten sie die Medici von der Macht fernhalten können. Dabei waren ihre Eroberungen durchaus erfolgreich. Prato, Pistoia und Pisa wurden unterworfen. Und mit Livorno war wieder der Zugang zum Meer gesichert, nachdem der Hafen von Pisa durch Sand- und Geröllmassen des Arno verlandet war. So aber half auch die in eine zehnjährige Verbannung umgewandelte Todesstrafe nichts, die die Albizzi gegen Cosimo de' Medici verhängt hatten. 1434 hielt er einen triumphalen Einzug in die Arno-Stadt, schickte – wie konnte es anders sein – den Familien-Chef Rinaldo degli Albizzi in die Verbannung und legte den Grundstein für eine drei Jahrhunderte andauernde, nur gelegentlich kurz unterbrochene Herrschaft der Medici.
Handel, Handwerk, Bankenwesen, eine auf über 100.000 Bewohner angestiegene und damit für diese Zeit enorme Einwohnerzahl, der ins schier Unermeßliche angewachsene Reichtum der Stadt, das alles wurde nicht nur in den Militäretat gesteckt, sondern – in diesem Ausmaß ein Novum – auch in die Förderung der Kultur, der Künste, der Architektur. Die Renaissance, eine neue Zeit, war angebrochen. Baumeister wie Leon Battista Alberti und vor allem der geniale Filipo Brunelleschi verwandelten das Gesicht der Stadt. Palazzi und Kirchen prägten künftig ihr Bild.
Zwei Ereignisse jedoch erschütterten vorübergehend auch die scheinbar unangreifbare Macht der Medici: der politische Komplott der Pazzi und der religiöse Eiferer Savonarola. Die Familie Pazzi lag mit den Medici schon lange in einem eher familiär begründeten Konflikt. Die stark diesseitig orientierte Politik der Medici war jedoch auch dem Papst Sixtus IV. ein Dorn im Auge. Und so war es nur eine Frage der Zeit, bis sich hieraus ein Komplott entwickelte. Just zu dem Zeitpunkt, als Giuliano de' Medici am 26. April 1478 im Dom zu Florenz der Heiligen Messe beiwohnte und der Pfarrer die Hostie zur Heiligen Wandlung erhob, starb er unter den Dolchstichen zweier gedungener Priester. Lorenzo, der neben seinem Bruder kniete, konnte entkommen, und wenig später hingen Francesco Pazzi und der in den Anschlag auch verwickelte Erzbischof von Pisa, Francesco Salviati, am Galgen.

Brandreden und Brandtaten – ein Bettelmönch greift an und ein

Subtiler, aber wortgewaltiger waren die Angriffe des Girolamo Savonarola auf die bestehenden Mächte. Der Dominikanermönch aus dem Kloster San Marco geißelte Reichtum und Luxus und die sich immer mehr den Wissenschaften zuneigenden und dem Religiösen abwendenden Zeitläufte. Die Medici, die neuen Künste, aber auch der Papst und seine verweltlichte, vor allem nach irdischer Macht strebende Kirche, waren für ihn des Teufels, und er attackierte sie mit Vehemenz. Die Renaissance wurde für ihn zum Inbegriff allen Übels:

Ihr meine Bettelmönche! Auch euch rufe ich zu: laßt euren Überfluß, eure Gemälde und eure Nichtigkeiten!... Ihr alle, die ihr die Häuser voller Eitelkeiten, schamloser Figuren und Dinge und schändlicher Bücher habt wie den Morgante und andere Verse wider den Glauben, bringt sie mir, wir machen ein Feuer daraus und ein Opfer für Gott.

Und sein reaktionäres Kunstverständnis artikulierte er so:

Die Kunst ist ein Versuch, die Natur nachzuahmen; da sie dies nicht zu erreichen vermag, so bezeichnen wir als das Eigenartige an einem Kunstwerk das, was der Künstler schafft, ohne sich genau an die Natur zu halten. Man sagt daher auch im gewöhnlichen Leben von einem Maler, wenn er nicht getreu der Natur folgt, sondern seine Kunst zu stark hervorkehrt, er verfahre gekünstelt. Allen Menschen gefallen von Haus aus natürliche, d.h. einfache Werke besser als künstliche.

Der von ihm inszenierten „Verbrennung der Eitelkeiten" vor dem Palazzo Vecchio auf der Piazza della Signoria fielen 1495 unwiederbringliche Kunstwerke von Botticelli, Petrarca, Boccaccio und vieler anderer zum Opfer. Einem päpstlichen Predigtverbot, an das er sich nicht hielt, folgte die Exkommunikation. Drei Jahre nach seinem Bücher- und Bildersturm, am 23. Mai 1498, schlugen die Flammen des Scheiterhaufens über ihm selbst zusammen.

Savonarolas Brandreden und -taten fielen in eine Zeit, als die Medici schwach waren wie nie zuvor. Piero, Sohn und Nachfolger des 1492 verstorbenen Lorenzo, der ob seiner umfassenden Förderung der Künste auch „Il Magnifico" — der Prächtige — hieß, verbreitete als Regent vor allem ein intellektuelles und politisches Vakuum. So fehlte die Kraft, dem französischen König Karl VIII. Paroli zu bieten. Kampflos überließen die Medici ihm die Macht und retteten ihre eigene Haut durch die Flucht nach Bologna. Als König Karl nach wenigen Tagen Florenz wieder den Rücken kehrte, war der Boden bereitet für Savonarolas Kampf gegen alles, was die Medici und die Renaissance der Stadt gebracht hatten. Nachdem sich der Papst jedoch gegen Savonarola durchgesetzt hatte, dauerte es noch bis zum Jahr 1512, bis die Medici nach 18 Jahren des Exils wieder nach Florenz zurückkehrten. Kunstmäzenatentum und knallharte Politik — Niccolò Machiavelli hatte soeben die philosophische Begründung für letztere geliefert — prägten die kommende Zeit und führten zur absolutistischen Herrschaft der Familie, die erst 1737 endete — einfach deshalb, weil die Medici ausstarben.

Schon zuvor jedoch zeichnete sich der schrittweise Niedergang der Toskana am fernen Horizont ab. Das 16. Jahrhundert war Höhepunkt der Renaissance und gleichzeitig auch Umbruch zur Neuzeit. Andere europäische Staaten wie England, Holland, Portugal und Frankreich gewannen an Bedeutung, der Handel verlagerte sich, Konkurrenz kam auf und die Gewinnspannen schrumpften. So zog es das Großbürgertum mehr und mehr auf seine Landgüter außerhalb der Stadt. Dort ließ sich mit den Erträgen aus der Halbpacht, der Mezzadria, alles in allem auskömmlich, mit wenig Risiko und in relativem Frieden mit der Landbevölkerung leben.

In das politische Vakuum, das der Tod des letzten Medici hinterließ, stieß das Haus Habsburg-Lothringen. Peter Leopold war ein Kind der Aufklärung, er reformierte Wirtschaft und Verwaltung, schob die Agrarreform an, schuf Folter und Todesstrafe ab und half so dem von Armut und Krankheiten gezeichneten Landstrich wieder auf die Beine, wenngleich der Ruhm und die Macht vergangener Tage bei weitem nicht mehr erreicht wurden. Von 1799 bis 1814 war die Toskana von Napoleon besetzt. Sie wurde den Lothringern weggenommen und von einer Schwester Napoleons, Elisa Baciocchi, als Königreich Etrurien regiert — ein Marionettenstaat des französischen Imperiums. Die Toskaner blieben nicht verschont von dem Schicksal, das alle traf, die unter französische Herrschaft fielen. Sie mußten in Napoleons Armee dienen und bei Kämpfen in Österreich, Spanien und Rußland ihren Blutzoll entrichten. Nach dem Zusammenbruch seines Imperiums verblieb Napoleon nur noch die kurze Episode seiner toskanischen Regentschaft auf der Insel Elba.

Florenz — die erste Hauptstadt des vereinten Italien

Mit dem Wiener Kongreß (1815) kamen wiederum die Habsburger an den Arno. Ferdinand und sein Sohn Leopold II. bemühten sich jedoch erfolgreich, das Land auf Vordermann zu bringen. Das Straßennetz wurde ausgebaut, die Sümpfe des Val di Chiana trockengelegt, die Industrie wurde gefördert und das Bankenwesen reformiert. Die industrielle Revolution zeigte ihre Spuren. Und wie auch in anderen Ländern wurde der Ruf nach den Idealen der französischen Revolution lauter. Das politische Schlagwort dieser Zeit hieß Risorgimento — nationale Wiedergeburt. Die Einigung Italiens wurde zu einem Schlüsselwort, zum Hoffnungsrausch, mit ihr alle Probleme überwinden zu können. Der Republikaner Giuseppe Mazzini war der Antreiber und politische Kopf, Giuseppe Garibaldi der militärische Organisator. Der Großherzog mußte Zugeständnisse machen. Und bei einer erzwungenen Volksabstimmung im Jahre 1860 gab es für eine Erhaltung des Großherzogtums gerade noch magere fünf Prozent der Stimmen. Für das von unten erkämpfte, vereinte Italien war Florenz von 1865 bis 1871 die erste Hauptstadt.

Nachdem der letzte Habsburger, Leopold II., 1859 seine Abdankung erklärt hatte, entschied eine Repräsentantenversammlung, daß die Toskana Teil eines konstitutionellen Reiches unter König Viktor Emanuel werden wolle. Dieser trug nun den Titel „König Italiens" (mit Ausnahme des Kirchenstaates war die Halbinsel politisch geeint) und machte Florenz zur Hauptstadt. Als Rom sechs Jahre später der Stadt am Arno diesen Rang ablief, ereilte die Toskana das Schicksal aller italienischen Regionen: sie wurde zur Provinz herabgestuft. Eine ausgewogene Mischung aus Industrie und Landwirtschaft sicherte ihr jedoch nach wie vor eine starke Stellung, als eine Art Bindeglied zwischen dem reichen Norden und dem armen Süden des Landes. In Livorno florierte der Schiffsbau, Prato war und blieb eine Hochburg der Textilherstellung. Hauptsächlich agrarisch strukturiert war hingegen die Zentraltoskana mit Wein- und Olivenbau.

Die Erinnerung an Napoleon hatte in der italienischen Politik, die von nun an zentral von Rom aus gestaltet wurde, die Aversion gegen Frankreich erhalten. So kam Italien zum Dreibund mit Deutschland und Österreich. Es war die Wahl des kleineren Übels, denn in der Rückschau war auch die Zeit unter den Habsburgern nicht nur von Glanz umgeben. Verträge mit England, Frankreich und Rußland folgten — Italien war komplett in die problematische Vernetzung der europäischen

Bündnisse eingewoben. Bei Ausbruch des Ersten Weltkrieges verhielt es sich zunächst neutral, zog dann 1915 in die Schlacht, jedoch auf Seiten der Alliierten und nicht etwa mit seinen Dreibündlern Österreich und Deutschland. Im Frieden von St. Germain wurde Italien Südtirol, Triest und Istrien zugesprochen, die bis dato zum Habsburgerreich gehörten.

Mussolini – niemand mochte ihn weniger als die Toskaner

Das Ende des Ersten Weltkrieges brachte jedoch viele Probleme mit sich, die auch das nationale Hochgefühl, im Krieg auf der erfolgreichen Seite gekämpft zu haben, nur für ganz kurze Zeit überdecken konnte. Auf die zurückkehrenden Soldaten wartete nichts anderes als die Arbeitslosigkeit. Der Krieg hatte eine angeschlagene Wirtschaft hinterlassen, die Preise galoppierten, die Staatsverschuldung war riesig. Die daraus resultierende Radikalisierung wurde zuerst von den Faschisten genutzt, die sich im März 1919 in Mailand organisatorisch zusammentaten, unterstützt vor allem vom nationalistischen Bürgertum, von den Großgrundbesitzern, den Industriellen, aber nur kleinen Teilen der Arbeiterschaft. Die überwiegende Mehrheit der Arbeiter und die Linken gründeten im Januar 1921 im toskanischen Livorno die Kommunistische Partei (PCI). Als sich jedoch Benito Mussolini – auch von der Kirche unterstützt – 1922 mit seiner paramilitärischen Organisation zum Marsch auf Rom aufmachte, wurde er von dem schwachen König Viktor Emanuel III. schon unterwegs, die Stadttore Roms waren noch gar nicht erreicht, mit der Bildung der Regierung beauftragt und damit zum Regierungschef gemacht. Der Einzug in die Hauptstadt wurde somit kein Kampf mehr, sondern eher ein Triumphzug. Emanuel rettete zwar formal den Fortbestand der Monarchie, in Wirklichkeit war Italien zur faschistischen Diktatur geworden. Mit der katholischen Kirche arrangierte er sich, indem 1929 die Lateranverträge geschlossen und zum gegenseitigen Vorteil jeweils der Machtbereich des anderen geduldet und respektiert wurde. Zur Ehre der Toskaner und vor allem der Florentiner muß festgehalten werden, daß Mussolinis Faschismus nirgendwo weniger Anhängerschaft fand als bei ihnen.
Der italienische Faschismus ist dem deutschen Nationalsozialismus zwar verwandt, jedoch wird er in der politischen Praxis „italienisch" gehandhabt. Der Sozialist Giacomo Matteotti ist eines der wenigen prominenten Mordopfer der Faschisten. Eine staatlich organisierte Vernichtung und Ausrottung des politischen Gegners gibt es nicht. Und breiten Teilen gerade der toskanischen Bevölkerung erscheint Mussolinis Regime als eine Art Fremdherrschaft, wie sie Italien in den vergangenen Jahrhunderten immer wieder erleben mußte. Nach dem imperialistischen Expansionsabenteuer gegen Abessinien suchte Mussolini die Nähe zu Hitler. Zusammen unterstützten sie die Faschisten im spanischen Bürgerkrieg. Am 10. Juni 1940 trat Italien an der Seite des Deutschen Reiches in den Zweiten Weltkrieg ein. Als Alliierte im Sommer 1943 jedoch große Teile Süditaliens besetzten, erhob sich ein breiter Aufstand quer durch das Land gegen Mussolini. Er wird am 25. Juli 1943 von den Aufständischen festgenommen, seine Partei aufgelöst. Unter der Regierung Marschall Badoglios wird mit den Alliierten ein Waffenstillstand geschlossen. Nun kommt es zum Angriff der Deutschen auf Italien und damit zu den schlimmsten Kriegsjahren für das Land. Die deutsche Wehrmacht befreit Mussolini und besetzt im Norden Italiens alle wichtigen Positionen. Über 200 000 italienische Partisanen kämpfen gegen die Deutschen und auch gegen die faschistischen Landsleute. Vor allem in Florenz tobten 1944 erbitterte Kämpfe zwischen Partisanen und deutschen Truppen. So war die Befreiung der Stadt nicht nur das Verdienst der Alliierten, sondern auch des eigenen Befreiungskampfes des demokratischen Italien. Und auch: die Beendigung der faschistischen Ära selbst hatten die Italiener aus eigener Kraft erkämpft: Mussolini wurde 1945 von Partisanen gefangengenommen und hingerichtet. Die Basis für die demokratische Zukunft Italiens war von der eigenen Bevölkerung mitgelegt worden.

Wie aus San Miniato al Tedesco wieder schlicht San Miniato wurde

Bevor jedoch die deutschen Truppen zum Abzug aus Florenz gezwungen worden waren, ergingen sich diese in einem unbeschreiblichen Vandalismus, sprengten die historischen Quartiere rechts und links des Arno in der Nacht vom 3. auf den 4. August 1944 mit Minen in die Luft und verwandelten alles – bis auf die Ponte Vecchio – in einen Trümmerhaufen. Auch der Norden der Toskana litt schlimmer als andere Gegenden unter der Barbarei der deutschen Truppen. An der Gotenlinie Carrara – Sansepolcro im Norden der Toskana lieferten sich Deutsche und Alliierte härteste Schlachten. Verlorene Gefechte mit den Partisanen rächten die Deutschen grausamst mit der Liquidation ganzer Dörfer. Vor allem Orte in den Provinzen Arezzo, Pisa und Lucca bluteten: Villa Grotta, Castelnuovo dei Sabbioni, Cavriglia, Molina di Quosa, Sant' Anna di Stazzema, Padule di Fucecchio, Montone, Gragnola. Die Liste ist nicht vollständig.
Epilog: San Miniato ist ein Städtchen auf halber Strecke zwischen Pisa und Florenz, etwas südlich des Arno gelegen. Auf dem die Stadt überragenden Hügel thront weithin sichtbar der Torre di Federico – ein Turm, der im 12. Jahrhundert vom Staufer Friedrich II. erbaut wurde und von dem die gesamte Arno-Ebene von der Küste bis nach Florenz und das Hinterland bis nach Volterra observiert werden konnte. Pietro della Vigna, erzählt Dante, soll sich von ihm in den Tod gestürzt haben und zur Strafe in einen krummen Baum verwandelt worden sein. Der Ort selbst war während der Stauferzeit politisches und militärisches Zentrum der Toskana. Und so hieß er in Respektierung der Leistungen der Staufer durch die Jahrhunderte San Miniato al Tedesco, San Miniato der Deutschen. Deutsche Soldaten haben im Zweiten Weltkrieg Teile der Stadt zerstört und den Turm einfach sprengen lassen. Seitdem heißt der Ort wieder schlicht San Miniato. Der Turm ist inzwischen wieder aufgebaut.

Ein toskanischer Charakterkopf, an dem schon Leonardo da Vinci vor 500 Jahren für seine Portrait-Studien seine Freude gehabt hätte.

Sie liefern die Grundlage für den Pecorino, jenen würzigen, harten Schafskäse, der in kleinen, runden Laiben auf den Markt kommt.

Ein Hirte mit seiner Herde bei Asciano. Die genügsamen Tiere finden auch auf den mageren Böden der Crete noch ausreichend zu fressen.

Käfighaltung? Nie gehört! Glückliche Hühner bei San Casciano dei Bagni. Vor einem tiefgefrorenen Batteriehuhn würde es jeden Toskaner grausen.

Heute wandern beide Hühner in den eigenen Kochtopf. Zu den Zeiten der Mezzadria mußte eines dem Landbesitzer abgeliefert werden.

Bilder einer vergangenen bäuerlichen Tradition, die sich nur noch vereinzelt bis in unsere Tage herübergerettet hat.
Für die echte Bistecca Fiorentina allerdings sind die weißen Rinder auch künftig unentbehrlich.

Nächste Seite:

Ein Weinkeller wie vor hundert Jahren und der Stolz dieses Winzers bei Chiusure. Im alten Holzfaß reift ein neuer Chianti-Jahrgang heran. Für den Verkauf en gros stehen strohummantelte Glasgallonen bereit.

Auf dem Lande helfen auch die Alten noch mit. Der Bauernhof hält für jede Generation Aufgaben bereit.

In der Tuffsteinstadt Sorano – hier bestimmen noch Traditionen das tägliche Leben.

Eine Nonne bei Montalcino. Sie hat Madonna del Soccorso besucht, den bekannten Wallfahrtsort im Norden der Stadt.

Abgearbeitete Hände und ein selbstbewußter Blick – ein Bauer aus San Quirico d'Orcia, einem Städtchen aus der Römerzeit.

Keine Piazza ohne das Millionen-Heer der Tauben – hier in Siena auf der Piazza del Campo, dem Mittelpunkt der Altstadt.

Mittagspause in Florenz – ein Blick in den Sportteil der Zeitung ist für viele Italiener so wichtig wie das Studium der Seiten mit den Börsenkursen.

Liebesgrüße aus Florenz. Alljährlich ist die Hauptstadt der Toskana das Traumziel für unzählige Besucher aus der ganzen Welt.

Glück bei Arezzo. Hier wurde um 70 v. Chr. Gaius Maecenas geboren, ein großzügiger Förderer und „Mäzen“ der Künste.

Die Straße gehört wie selbstverständlich zum Lebensraum, zur erweiterten Wohnung, zum Arbeitsplatz, wie hier in Asciano.

Ruhe vor dem Ansturm der Touristen – die Eisdiele in Volterra ist für die bevorstehende Saison zweisprachig gerüstet.

Si non è vero è ben trovato – wenn die Geschichte, die du mir da erzählst, nicht stimmt, so ist sie zumindest gut erfunden! Bei Porto San Stefano.

Fischernetze bei Marina di Pisa an der Mündung des Arno. Kranartige Vorrichtungen senken die Netze ins Wasser, um sie nach einiger Zeit – meist nur noch mäßig gefüllt – wieder hochzuhieven.

Ausblicke und Einblicke – offen und doch verschlossen, fließende Grenzen zwischen drinnen und draußen.

Kordelvorhänge statt Türen — sie halten die lästigen Fliegen draußen, lassen aber frische Luft ins Zimmer.

Ob Kunst oder Kitsch, ob Preßluftmeißel oder Steinmetzhammer – in Carrara läßt es sich vom Marmor seit eh und je auskömmlich leben.

Kunst und Kultur, Sfumato und das Lächeln der Mona Lisa — Die Renaissance in der Toskana

Kunst und Kultur sind in diesem Land, das nicht nur im Namen die Erinnerung an sein etruskisches Erbe wachhält, alltäglich präsent. Hier, zwischen den sanften Hügeln und fruchtbaren Tälern „Tusciens“ , soll die „Wiege der Neuzeit“ gestanden haben. Zwar prägen auch mittelalterliche Kirchen, romanische Marmorfassaden und gotische Palazzi das Bild vieler Städte. Euphorisch jedoch wird der Kunst- und Toskana-Kenner erst dann, wenn die Sprache auf die „Renaissance“, die „Wiedergeburt“ kommt. Der Begriff des „Rinascimento“ ist so eng mit der Toskana verbunden wie derjenige der „klassischen Antike“ mit Griechenland oder Rom. Kaum einer, der die klingenden Namen jener Epoche nicht kennt: Dante und Boccaccio, Michelangelo und Leonardo, Galilei, Machiavelli, Medici. Ghiberti und Brunelleschi als geniale Baumeister, Leon Battista Alberti als der erste Kunsttheoretiker der Renaissance, nach dessen Vorstellung die Proportionen, das „richtige Maß“, nicht nur über die Harmonie der Bauwerke und Stadtanlagen befinden, sondern als Ordnungssystem den gesamten Kosmos zusammenhalten.

Diese Ansammlung von Genialität trifft die Sehnsüchte und die Stimmung des Bildungsbürgers im ausgehenden 20. Jahrhundert. Scheint es doch so, als würde die Renaissance all das vereinen, was gut, wahr und schön ist. Also genau das, was nicht nur die humanistisch gebildeten Zeitgenossen heutzutage oft schmerzlich vermissen. Jedoch ist es gerade das Spannungsverhältnis zwischen einem idealisierten Welt- und Menschenbild und der ganz und gar nicht heilen Realität der Renaissance, das ein genaueres Verständnis dieser Epoche vermittelt: Eine Zeit, für die der Mensch zwar „das Maß aller Dinge“ war, die aber am gemeinen Menschen und seinem Wohlergehen recht wenig Interesse zeigte. Die „Wiedergeburt“, die Hin- oder besser Rückwendung zur Antike, fand vor allem in den Köpfen ihrer Protagonisten, der Theoretiker und Philosophen statt, ihre Verwirklichung in erster Linie in der Kunst. Wie schon Petrarca, der große Humanist und Dichter jener Zeit, in seinem „Brief an die Nachwelt“ feststellte: „In ganz einziger Weise trieb ich das Studium des Altertums, weil mir meine eigene Zeit immer so sehr mißfiel, daß — wäre nicht die Liebe zu den mir Teuren gewesen — ich wünschte, in jenen anderen Zeiten geboren zu sein; und um die Gegenwart zu vergessen, suchte ich, im Geiste mich in andere Zeiten zu versetzen.“

Die Menschenwürde — ein exklusives Gut und nicht für alle zugänglich

Die Menschenwürde war und bleibt ein exklusives Gut und ist keinesfalls für alle erschwinglich, der Humanismus ist beileibe nicht immer human. Zum Beispiel die Medici: Begeisterte und großzügige Mäzene, unter deren Herrschaft einzigartige Bau- und Kunstwerke entstanden, Despoten auf der anderen Seite, die ihren Staat mit großer Härte regierten, die auch vor Wahlbetrug nicht zurückschreckten und ihre Untertanen mit quasi polizeistaatlichen Mitteln überwachten. Die Renaissance war auch die Zeit eines Machiavelli und dessen Lehre von der alles rechtfertigenden Staatsraison – frei nach dem Motto, daß der Zweck die Mittel heilige. Und wie, wenn nicht aus der Not des Volkes, sind die Aufstände zu erklären, die im 13. Jahrhundert in Florenz für eine kurze Zeit zur ersten „Volksregierung" geführt haben?

Die Blütezeit der Stadtrepubliken geht zwar zu Beginn der Renaissance schon ihrem Ende entgegen, und auch auf wirtschaftlichem Gebiet zeichnen sich Abwärtstendenzen ab. Aber dennoch: Durch den blühenden Handel mit dem Orient in den vergangenen Jahrhunderten haben sich Großbürgertum und vor allem die Kaufleute in den Städten emanzipiert, ein Selbstbewußtsein entwickelt, das bis dato dem Adel vorbehalten war. Die Zünfte werden zu Machtfaktoren. Reiche Kaufleute brechen das traditionelle Bildungsmonopol der Kirche und gründen die ersten humanistischen Universitäten. Städte, Zünfte und Fürstenhöfe üben sich im Mäzenatentum, hauptsächlich zu ihrem eigenen Prestige, aber auch zur Freude jener Künstler, die nun mit Aufträgen in einem zuvor nie gekannten Ausmaß bedacht wurden. Nach Jahrhunderten der Abhängigkeit – philosophisch untermauert vom Glauben an die Allmacht der Kirche, der Natur oder einer gottgegebenen gesellschaftlichen Hierarchie – besinnt sich der Mensch – wieder – auf die Souveränität seiner eigenen Person.

Warum gerade jetzt? Die Zeit der Jahrtausendwende ist geprägt durch die Auseinandersetzungen zwischen Kaiser und Papst um Macht und Geld. Die aufstrebenden Städte der Toskana nutzten diese Lage geschickt. Pisa zum Beispiel gelang es im Bunde mit Genua, seinen Einfluß auszudehnen und sogar die Sarazenen in Süditalien zu kontrollieren. Auch die Kreuzzüge, in Wahrheit Eroberungszüge, stärkten Macht und Reichtum des städtischen Bürgertums – und ihr Selbstbewußtsein. Sichtbarster Ausdruck: der Dom, in den die wohlhabenden Pisaner Bürger von der Mitte des 11. Jahrhunderts an ein astronomisches Vermögen investierten.

Wenn Florenz die Stadt der Renaissance ist, dann sind Pisa und vor allem Siena die Städte der Gotik. Siena, die ewige Rivalin von Florenz, erlebte ihre Blüte gegen Ende des 13. Jahrhunderts, als der berühmte Campo entstand. Die Landflucht läßt die Städte in jener Zeit rasant wachsen. Dort gab es nun genug Arbeitskräfte, und so konnten diese steinernen Machtsymbole entstehen – Symbole unablässiger Rivalitäten der Städte untereinander. Womit kann man seinen Gegner auch mehr ärgern, als mit der sichtbaren Zurschaustellung von Reichtum in Form prächtiger Paläste und gigantischer Sakralbauten? „So herrlich und verschwenderisch wie möglich" lautete viele Jahre später der Auftrag an Arnolfo dei Cambio, der 1296 mit dem Bau von S. Maria del Fiore in Florenz begann.

Sie hat ausgedient: Die mittelalterliche Jenseitsbezogenheit

Zu den materiellen Voraussetzungen gesellen sich die geistigen. Ein geändertes Selbstverständnis des Menschen, der sich nun selbst als Gestalter der Welt erfährt, bringt auch ein geändertes Denken und ein geändertes Menschenbild hervor. Die mittelalterliche Jenseitsbezogenheit, die sich in erster Linie am Leben nach dem Tod orientierte, hat ausgedient. Aktive Kaufleute sind gefragt, die den Kirchen, den Fürsten und sich selbst zur Belohnung die Taschen füllen. Und das hier auf Erden und nicht erst im Paradies. Daß in einer solchen Zeit, die sich schon für die kommenden Eroberungen und Entdekkungsfahrten rüstet, die mittelalterliche Kunst mit ihren starren, schematisierten Darstellungen und den einzig der christlichen Religion verpflichteten Bildinhalten überholt ist, kann nicht verwundern. Es entwickelt sich, so ein zeitgenössischer Kunsthistoriker, „eine Kontinuität zwischen den mathematischen Fertigkeiten, derer sich die Kaufleute bedienten, und jenen, die der Maler einsetzte, um seinen Bildern die Proportionalität und klare Körperlichkeit zu geben, die uns heute so bemerkenswert erscheint."

Was an Kunstwerken seit der Antike entstanden war, wurde von den Künstlern der Renaissance als „Barbarei" bezeichnet. Dennoch haben die Toskaner ihr antikes Erbe nie ganz vergessen. Selbst die gotischen Kirchen, Sinnbilder für das mittelalterliche Streben nach oben, also in Richtung Paradies, sind in der Toskana mit ihren eher glatten Fassaden und ihren ausgewogenen Proportionen weit von den himmelstürmenden, filigranen Bauten des Nordens entfernt. Wahrscheinlich fiel auch deshalb der Schritt zurück zu antiken künstlerischen Vorbildern und der antiken Philosophie, die den Menschen ins Zentrum des Geschehens rückt, gar nicht so schwer. „Da gehen die Menschen hin und bewundern die Berge, die gewaltigen Wogen des Meeres, die breiten Ströme und die Bahnen der Gestirne; auf sich selbst aber schauen sie nicht." Gedanken des antiken Philosophen Augustinus, die Petrarca, der „Vater des Humanismus", in einem bezeichnenderweise „Von seiner und vieler Leute Unwissenheit" betitelten Traktat, begierig aufgreift:

Da wissen sie nun viele Dinge über Tiere, Vögel und Fische: wieviel Haare der Löwe im Scheitel trägt und wieviel Federn der Falke im Schwanze, und mit wieviel Windungen die Meerschlange den Schiffbrüchigen umschlingt. ... daß der Maulwurf blind und die Biene taub ist und daß das Krokodil allein von allen Tieren die obere Kinnlade zu bewegen vermag – was alles gewiß zu einem großen Teile falsch ist, wie es sich schon oft erwiesen hat in ähnlichen Fällen, wo es sich um Dinge handelte, die auch in unsern Gegenden vorkommen, oder was doch von den Erzählern selbst sicher nicht gesehen und erfahren, sondern der weiten Ferne wegen leichter geglaubt und erfunden wurde. Und wenn es auch schließlich wahr wäre, so würde es doch nichts zu einem seligen Leben vermögen. Denn ich bitte dich, was nützt es, die Natur der Tiere, Vögel, Fische und Schlangen zu kennen und dafür die Natur des Menschen, seinen Zweck, seine Herkunft und sein Endziel nicht zu kennen oder gar zu mißachten?

Will man die Wirklichkeit darstellen, dann braucht man entsprechende Darstellungsmittel – und die Orientierung an dem, was tatsächlich, was „wirklich" ist. Die mittelalterliche Symbolik lebte aus der Bedeutungsperspektive, die sich nicht um die tatsächlichen Raum- oder Größenverhältnisse kümmerte. Im Gegenteil: was wichtig war, wurde am größten dargestellt wie die Augen oder die segnenden Hände auf byzantinischen Christusbildern. Auch hatte die mittelalterliche Kunst die Schönheit in der Materie selbst gesucht: Gold an sich war schön, Licht ebenfalls.

Der Künstler: Vom anonymen Handwerker zum anerkannten Star

Dies alles ging nun seinem Ende entgegen. Zwar waren auch die Menschen im Zeitalter der Renaissance tief religiös – oder gaben es zumindest vor. Deshalb sind auch in dieser Epoche die meisten Bildinhalte christlicher Herkunft. Dennoch beginnt sich eine Verschiebung abzuzeichnen: Nicht mehr nur Heilige, auch Bürger werden dargestellt. Weltliche Auftraggeber lösen die kirchlichen ab. Das Mäzenatentum entsteht. Der erwachende Bürgerstolz wünscht sich seine eigenen Motive. Durch wissenschaftliche Studien versuchten die Künstler, den Gesetzen der Perspektive und der Proportionen auf den Grund zu kommen, mittels anatomischer Untersuchungen Aufschlüsse über den Aufbau des menschlichen Körpers zu erhalten. Die Kunst, die Malerei selbst sollte zur Wissenschaft erhoben werden. Vor allem Leonardo da Vinci konnte bei seinen Besuchen im Spital Santa Maria Nuova in Florenz seine Studien an Verstorbenen vorantreiben. Der Meister selbst berichtet:

Wie mir ein alter Mann wenige Stunden vor seinem Tode erzählte, er habe hundert Jahre hinter sich gebracht und fühle keinerlei körperliche Gebrechen, außer Schwäche. Und während ich auf seinem Bett im Spital von Santa Maria Nuova saß, ging er fort aus dem Leben, ohne eine Regung oder ein Anzeichen von Qual. Und ich machte eine Anatomie von ihm, um den Grund für einen so süßen Tod zu finden. Diese Anatomie beschrieb ich sehr gewissenhaft und ohne große Mühe, weil er frei von Fett und Säften war, die das Erkennen der verschiedenen Organe verhindern.

Daß ihm tatsächlich bestochene Mönche nächtens Leichen brachten, und er sie dann auf dem Klosterfriedhof bei Kerzenlicht seziert hat, ist zwar schaurig-schön, aber nicht erwiesen. Daß er Zeit seines Lebens über 30 Tote wissenschaftlich untersucht hat, das hat er selbst seiner Nachwelt hinterlassen. Dabei blieb es nicht aus, daß er sich gegen Autoritäten, kirchliche wie weltliche, zur Wehr setzen mußte:

Viele werden der Ansicht sein, daß sie mich mit Recht kritisieren können, indem sie behaupten, daß meine Beweise der Autorität gewisser Männer widersprechen, die ihr unerfahrenes Urteil verehrt, und dabei berücksichtigen sie nicht, daß meine Werke das Ergebnis einfacher, schlichter Erfahrung sind, die die wahre Herrin ist. (Codex Atlanticus)

Die Schönheit der Natur, der Materie wird gewürdigt, aber davor tritt die Anerkennung der künstlerischen Leistung selbst. Und von hier aus ist es auch nicht mehr weit zu einer kleinen Revolution: Waren im Mittelalter die Künstler meist anonyme Handwerker, die sich unter Aufgabe ihrer Individualität zu „Schulen" zusammenschlossen, so erwachte in ihnen nun das Bewußtsein, mit dem Kunstwerk auch etwas einzigartig Persönliches geschaffen zu haben. Und mehr noch. Die Künstler sehen sich zunehmend als Erbauer eines Kosmos, in den der Mensch eingefügt ist. Ein Modell, das Pico della Mirandola im späten 15. Jahrhundert noch einmal aufgreift, als er in seiner Rede „Über die Würde des Menschen" die Kerngedanken der Renaissance so zusammenfaßt:

Der Mensch ist von allen Geschöpfen unterschieden, er allein bestimmt, was er sein wird: er kann zum Tier entarten oder zu höherem Geist sich läutern. Der Mensch als einziges Wesen hat eine Entwicklung, ein Wachsen nach freiem Willen, nur im täglich neuen Entscheiden und Tun bleibt er sich treu.

Der Begriff „Renaissance" ist ein florentinischer, sein Schöpfer ist der Kunsthistoriker Giorgio Vasari, der ihn zum ersten Mal in seinem Buch „Lebensläufe der besten Architekten, Maler und Bildhauer" aus dem Jahre 1550 gebrauchte. Das „rinascimento" kannt zwei Gebote: Das Wiederanknüpfen an die Antike und die Nachahmung der Natur, was letztendlich auf dasselbe hinausläuft.

Bemerke, daß die vollkommenste Führerin, welche man haben kann, das beste Steuer, die Triumphpforte des Zeichnens, das Studium der Natur ist. Es stehet dies vor allen anderen Mustern, diesem vertrau dich immer mit glühender Seele an, vornehmlich wenn du anfängst, einiges Gefühl im Zeichnen zu bekommen.

Was Cennini in seinem „Tratto della pittura" um 1390 verfaßt hat, galt für alle Künstler der frühen Renaissance, ob Baumeister, Maler oder Bildhauer. Die Naturnachahmung wurde zum Prinzip und gleichzeitig zum Mittel, die Antike wieder aufleben zu lassen. Klassische Schriften werden wieder gelesen, durch das Studium antiker Skulpturen wird das symmetrische Kompositionsprinzip des Mittelalters überwunden. Der Bildaufbau ist nicht mehr schematisch, er wird vielmehr aus der Bewegung und Körperhaltung der Figuren entwickelt. Die rein statische Aneinanderreihung von Figuren löst sich auf.

Die Entdeckung der Welt und des Menschen

Die diesseitige Welt hält also ihren Einzug in die Kunst. Oder, wie Jakob Burckhardt es formulierte: Mittelalter und Renaissance setzen sich voneinander ab durch „die Entdeckung der Welt und des Menschen". Der Mensch erhält einen neuen Stellenwert, in den Bildern und Skulpturen, in der Schöpfung, in der Gesellschaft – und in der Politik. Denn nach einer ebenfalls auf den antiken Vorstellungen beruhenden Naturphilosophie soll die Natur auch über die Legitimation staatlichen und kirchlichen Handelns bestimmen.

Und so diente dieser Grundsatz der Naturnachahmung nicht zuletzt auch dazu, die weltlichen Errungenschaften gegen den Allmachtsanspruch der Kirche zu verteidigen. Nicht Papst oder weltliche Macht verleihen dem Herrscher seine Rechtmäßigkeit, sondern die Natur. Das Hauptargument für eine diesseitige Existenzberechtigung ist die „Natürlichkeit" im aristotelischen Sinne, und die mißt sich am Grad der Naturnachahmung.

Die Renaissance, das Zeitalter des Humanismus, der Mensch als Maß aller Dinge. Richtiger wäre allerdings: der „Mann" als Maß aller Dinge. War der „einfache Mann" für die Renaissance-Humanisten schon kein Thema, so waren die Frauen erst recht keines. Sie waren allenfalls schmückendes Beiwerk. Denn die Lehre von den Proportionen und die klassische Schönheitslehre kennt nur ein Schönheitsideal: den Mann.

Giotto: Er führt die Malerei wieder hinaus ins Freie

Er besaß einen so ausgezeichneten Geist, daß es kein Ding der Natur – Schöpferin und Kraft der Himmelsbewegungen und auch Bewahrerin aller Dinge – gab, das er nicht mit dem Stift, mit der Feder oder dem Pinsel so ähnlich gemalt hätte, daß dieses nicht ähnlich, sondern eher aus der Natur selbst genommen schien; der Gesichtssinn der Menschen hat sich viele Male von den Dingen, die er gemacht hatte, so täuschen lassen, daß er für wahr hielt, was gemalt war. Er hat die Kunst wieder ins helle Licht zurückgeführt, die für Jahrhunderte unter dem Irrtum einiger begraben war, welche mehr für die Augen der Ignoranten als zum Gefallen der Gebildeten malten; deswegen kann man ihn verdientermaßen ein Licht des florentinischen Ruhmes nennen; dies um so eher, als er, der als Meister aller anderen zu Lebzeiten den Ruhm erworben hat, es immer abgelehnt hat, Meister genannt zu werden.

So ganz mag man die Lobeshymnen, die Boccaccio in seinem „Decamerone" Giotto, dem wohl bedeutendsten toskanischen Künstler des 14. Jahrhunderts, angedeihen läßt, heutzutage nicht mehr nachvollziehen. Dennoch, gemessen an dem, was vorher war, kann Giotto getrost als Revolutionär bezeichnet werden. Was Dante für die Literatur geleistet hat, und er hat immerhin die Grundlage für das moderne Italienisch geschaffen, hat Giotto für die Malerei bewerkstelligt: Die Lösung vom Mittelalter und die ersten Schritte in die Neuzeit. Als erster seiner Zeitgenossen hat er sich von der byzantinischen Tradition gelöst, die Malerei, wie Vasari es formulierte, wieder „ins Freie" geführt, hat nicht den Geist, sondern die Natur in den Vordergrund seines Schaffens gerückt. Seine Heiligenlegenden sind wirklichkeitsnah und räumlich komponiert. Der erstarrte Linienstil der mittelalterlichen Malerei weicht in seinen Fresken der Bewegung und der Räumlichkeit, die Figuren erscheinen körperhaft. Die flächigen Frontalansichten und stereotypen Gesichtszüge der byzantinischen Malerei sind passé – Profil und Halbprofil treten an deren Stelle und schaffen eine ganz neue Lebendigkeit – auch durch die Mimik der Personen, die plötzlich als Individuen erscheinen.
Die Fresken Giottos in der Kirche Santa Croce in Florenz beispielweise zeigen dies auf ganz eindringliche Weise: Die Figuren heben sich deutlich vom Hintergrund ab, stehen miteinander in Beziehung und vereinen sich mit der Landschaft zu einer Gesamtkomposition. Durch Gesichtsausdruck und Körperhaltung wirken sie in sich gekehrt oder weltoffen, erfreut oder voller Trauer – und dadurch eben menschlich.
Vasari sah in den Werken Giottos die erste Stufen des „rinascimento" verwirklicht, die ohne intensive Auseinandersetzung mit der Natur nicht möglich gewesen sei. Alles, was zwischen der Antike und dem Beginn der Renaissance stand, wurde von ihm, dem Kunsthistoriker, als barbarische Zäsur, als Verfall, verurteilt. Giotto hat nach seiner Einschätzung den Weg für die von den Renaissance-Humanisten so bedeutungsvolle Orientierung am natürlichen Vorbild bereitet. „Giotto", so sein Urteil. „ist bei der Natur und niemand sonst in die Lehre gegangen."
„Fresko (fresco = frisch). Wandmalerei mit Kalkfarben auf nassem Kalkputz; bindet mit diesem fest ab." Soweit die gängige Beschreibung. Zwar war die Methode, auf Wände, Decken und Kuppeln den Alltag oder die mystischen Vorstellungen in farbigen Bildern zu verewigen, nicht neu, man denke nur an die Etrusker und ihre Wandmalereien in den Totenstädten. Und auch in den mittelalterlichen Kirchen sind zahllose Fresken erhalten. Aber die „al fresco"-Malerei – im Gegensatz zum „a secco"-Verfahren, bei dem auf trockenem Untergrund gearbeitet wird – erlebte ihre Blüte in der Renaissance. Diese Art zu malen war eine äußerst mühselige und harte Arbeit, und nur wenige Künstler schufen ihre oft monumentalen Wandbilder allein – im Regelfall schlossen sich ganze Schulen zusammen, die gemeinsam die Entwürfe des „Meisters" ausführten eine frühe Form von Team-Work. Die Arbeitsteilung kam gerade dieser Technik entgegen: die Künstler standen unter großem Zeitdruck, denn der Putz mußte beim Bemalen noch feucht sein, damit sich die Farbe untrennbar mit ihm verbinden konnte. Michelangelo war einer der seltenen und seltsamen, ja oft verschrobenen Zeitgenossen, der seine Arbeiten im Alleingang bewältigte, wie die Fresken der Sixtinischen Kapelle beweisen, für die er keinerlei Hilfe akzeptierte: monatelang lag der als Eigenbrötler verschrieene Künstler einsam auf den Gerüstbrettern unter der Decke, mit Putz und Farbe verschmiert, und malte wie ein Besessener. Auf seine Umwelt muß das Genie nur abstoßend gewirkt haben. Als scheu und mißtrauisch, unzufrieden mit allem und jedem ist er beschrieben worden.
Arezzo, das ehemals römische „Arrentium" im Osten der Toskana, an der Grenze zu Umbrien, hat sich heute weit bis in die hügelige Landschaft hinein ausgedehnt. Schon aus der Ferne ist der Dom zu sehen, ein perfektes Beispiel italienischer Gotik mit Säulengruppen, bunten Glasfenstern und zierlichen Spitzbögen. Der eigentliche Schatz aber verbirgt sich in seinem Innern: der Freskenzyklus der „Kreuzeslegende" von Piero della Francesca, einem der bedeutendsten toskanischen Maler und Kunstwissenschaftler des 15. Jahrhunderts. Als Theoretiker verfaßte er eine Abhandlung über die Perspektive. Als Künstler hinterließ er auch jenen Zyklus, den er zwischen 1452 und 1464 geschaffen hat und der die Geschichte vom Kreuze Christi erzählt: Der Zweig des Lebens, in den Mund des toten Adam gepflanzt, der zu einem stattlichen Baum und von König Salomon gefällt wird. Der läßt daraus eine Brücke bauen, und als die Königin von Saba auf dem Weg zu König Salomon diese Brücke betritt, erkennt sie, daß dieses Holz heilig ist. Vieles von dem, was in der Renaissance an gestalterischen Mitteln wichtig ist, erkennt man hier wieder: Die sich perspektivisch vertiefende Landschaft, die klassische Schönheit der Gesichter mit ihren individuellen Zügen, die Körperhaftigkeit der Gestalten, die ihr Volumen durch die farbige Abstufung erhalten. Über der ganzen Szene liegt ein gleichmäßiges Licht, nichts wird hervorgehoben.
Nach der Maxime, daß der Mensch das Maß aller Dinge sei, werden nicht nur Bilder gemalt oder Skulpturen gemeißelt. Vor dem Hintergrund antiker Philosophie entstehen ganze

Städte – kein Wunder, ist doch die „Polis" bei Platon das idealste aller Gemeinwesen, eine Auffassung, die sich auch die Humanisten der Renaissance zu eigen machen. Albertis „Zehn Bücher über die Baukunst" aus dem Jahre 1472 knüpfen direkt an die antiken Überlieferungen an. Die Stadt des Menschen soll auf das Prinzip der Würde des Menschen zurückgeführt werden. Eine rationale architektonische Struktur als sichtbarer Ausdruck der Rationalität des Gemeinwesens – geplant nach den Kriterien von Hygiene, Funktion und Ästhetik.

Die ideale Stadt: Schönheit, Harmonie und Perspektive

Soweit die Theorie. In der Praxis sind die meisten Planungen nicht über ihr Reißbrettstadium hinausgekommen. Und da, wo sie verwirklicht wurden, gleichen sie heute eher überdimensionalen Puppenstuben als tatsächlichen Zeugen bürgerlichen Gemeinwesens. Zum Beispiel Pienza am Rand der kahlen Crete. Heute die kleinste Stadt der südlichen Toskana, Geburtsort des Dichters und Humanisten Enea Silvio Piccolomini. 1405 hat er hier in Corsignano, so der ursprüngliche Name des Ortes, das Licht der Welt erblickt. Als Papst Pius II. ließ er seinen verfallenden Heimatort von Bernardo Rossellino und Leon Battista Alberti zur „idealen Stadt" ausbauen: Für Alberti war die Stadt ein „großes Haus" für die Bürger, die Piazza der öffentliche Gemeindesaal. Ein 20 mal 30 Meter großes Forum, eingerahmt von der Kathedrale, die über einer alten römischen Marienkirche errichtet wurde, dem Palazzo Piccolomini und dem Bischofspalast und, auf der vierten Seite, die gleichzeitig Teil der Hauptstraße ist, dem rustikalen Rathaus der Stadt.

Die geographische Lage Pienzas war alles andere als ideal: der Raum auf dem Hügel über dem Orcia-Tal war zu beengt, um weiträumige Straßenzüge oder großzügige Piazze entstehen zu lassen. Die Stadtplaner aber wußten sich mit einem perspektivischen Trick zu behelfen: Die Palastfronten streben von der Piazza weg auseinander, um Größe vorzutäuschen, ebenso wie die Hauptstraße, die leicht gekrümmt ist, damit man nicht von einem Tor zum anderen sehen kann. Pienza vermittelt einen Eindruck von dem, was ein Renaissance-Mensch unter Schönheit und Harmonie verstand, einen Eindruck von Ordnung, Struktur und rationaler Planung, die auf die Gesetze der Perspektive zurückgreift.

Pius konnte seine „ideale Stadt" nur kurz genießen. Nur wenige Jahre, nachdem er sie zum Bischofssitz erhoben hatte, starb er. Und mit ihm der Großteil der Pläne, die nie verwirklicht wurden. Vielleicht ist das der Grund, warum Pienza heute trotz aller Orientierung am menschlichen Maß so seltsam leblos wirkt. Pienza ist die Vision einer Stadt, eine Retortengeburt, kein gewachsenes Gemeinwesen; die Puppenstube der Renaissance eben. Oder, wie der Kunsthistoriker Wolfgang Braunfels schrieb: Von Anbeginn ein Gegenstand der Denkmalpflege.

Die Verbrennung der Eitelkeiten – Die Einwohner von Florenz sind begeistert

Fastnachtsdienstag des Jahres 1497. Ganz Florenz ist auf den Beinen. Auf der Piazza della Signoria lodert ein riesiger Scheiterhaufen. Unschätzbare Kunstwerke gehen auf dem Holzstoß in Flammen auf: Bücher von Petrarca und Boccaccio, Gemälde von Leonardo und Botticelli, Schmuck, Teppiche und Musikinstrumente. Das Volk ist begeistert über diese „Verbrennung der Eitelkeiten", und die dunkle Rauchsäule steht gleichsam als Mahnmal gegen die Verweltlichung von Kunst und Kirche noch lange über dem blauen florentiner Himmel. Der Bildersturm geht auf das Konto des charismatischen Dominikaner-Mönchs Girolamo Savonarola, jenes Rebellen gegen den Medici-Clan, der in feurigen Predigten das Übel von Macht und Korruption anklagt, und der nur ein Jahr später am gleichen Ort selbst auf dem Scheiterhaufen enden wird. Die spektakuläre Aktion Savonarolas ist der letzte Versuch, das Rad der Zeit noch einmal zurückzudrehen, Pracht und Verschwendung an den Fürstenhöfen zu verdammen, der „Dekadenz" und der Verweltlichung der Gesellschaft Einhalt zu gebieten.

Daß ihm dies nicht gelungen ist, danken ihm heute nicht zuletzt Millionen von Touristen aus aller Welt. Denn Savonarolas Frevel zum Trotz ist Florenz heute das Kunstzentrum schlechthin. Es hat sogar so viel zu bieten, daß Gesundheitsschäden nicht ausgeschlossen werden können. Das sogenannte „Stendhal-Syndrom" lauert überall, jenes Herzflimmern und Nervenflattern, das angeblich jeden überfällt angesichts der Fülle der meisterhaften Bauten, Bilder und Skulpturen, und das in unseren Tagen sogar von einer Florentiner Psychiaterin wissenschaftlich untersucht wurde.

„. . . che l'arte del disegno avevano in Toscana, anzi in Fiorenzina propria, avuto il loro rinascimento." „In der Toskana, hauptsächlich in Florenz selbst, hat die bildende Kunst ihre Wiedergeburt erlebt." So die etwas holprige Übersetzung der berühmten Zeilen Giorgio Vasaris, des kongenialen Kunsthistorikers, der 1550 in seinem Werk „Leben der hervorragenden Maler, Bildhauer und Architekten" als einer der ersten die „Wiedergeburt der Antike" beschreibt. Die „Colonia Florentina", 59 v.Chr. von dem römischen Imperator Caesar gegründet, gilt zu recht als die Wiege der Renaissance. Bahnbrecher der Frührenaissance ist der Baumeister Filippo Brunelleschi, „Erfinder" der Zentralperspektive und Erbauer der weltbekannten Domkuppel von S. Maria del Fiore in Florenz, ein Meisterwerk der Statik und eine der kühnsten Konstruktionen überhaupt.

Das Wahrzeichen der Stadt ist eine Kirche von wahrhaft gigantischen Ausmaßen. Die gesamte florentiner Bevölkerung des 14. Jahrhunderts, immerhin rund 30.000 Menschen, konnte sich in der riesigen Halle versammeln. Mit dem Bau wurde im Jahre 1296, also noch während der Gotik, von Arnolfo di Cambio begonnen. Nach dessen Tod führte der berühmte Giotto die Arbeiten fort. Von ihm stammt auch der Campanile, der viereckige Glockenturm, der mit seiner mehrfarbigen

Marmorverkleidung als einer der schönsten Italiens gilt. Rote, weiße und grüne Streifen, die sich auch im Mauerwerk des Domes wiederfinden, wechseln sich in Schichten und Bändern ab, bilden Ornamente und gliedern die Fassade nach den Prinzipien von Ordnung und Harmonie.
Wenige Schritte vom Dom entfernt, in der Mitte der Piazza San Giovanni, steht das Baptisterium San Giovanni, die ehemalige Florentiner Taufkirche. Der achteckige Kuppelbau entstand noch vor dem Dom auf den Resten eines römischen Gebäudes, ein Proto-Renaissancebau, ein Vorläufer der Renaissance also. Eine der Hauptattraktionen sind die aus dem 13. Jahrhundert stammenden Mosaiken im Innern und die drei reliefgeschmückten Bronzetüren, die zwischen 1330 und 1452 angefertigt wurden: Das Südportal von Andreas Pisano, die Nordtür und die Paradiestür von Lorenzo Ghiberti. Ganz nebenbei bieten die drei Türen eine Art tour d'horizont durch die Renaissance und den Wandel des Kunstgeschmacks auf engstem Raum: Während bei den beiden frühen Türen, nämlich Süd- und Nordportal (1336 bzw. 1401), nur einzelne Motive vor einem wenig angedeuteten Hintergrund herausgearbeitet sind, wurden die Szenen auf den Reliefs der Paradiestür (1452) in weite Naturlandschaften und beeindruckende Bauwerke eingebettet – ein Zeichen für die wachsende Bedeutung profaner Elemente.
Die Piazza della Signoria ist nach wie vor *der* Platz in Florenz geblieben. Hier wurden die Volksabstimmungen abgehalten, hier hielten die Systemkritiker ihre flammenden Reden gegen Unterdrückung und Ausbeutung, hier flanieren heutzutage Touristen und Einheimische vor dem Palazzo Vecchio und der Loggia dei Lanzi auf und ab, lassen sich von Fremdenführern die burgartige Architektur des Stadtpalastes oder die Skulpturen unter den Bogengängen der Loggia erklären. Den „Perseus" zum Beispiel, aus der Spätrenaissance, der den abgeschlagenen Kopf der Medusa in der Hand hält, oder den „Raub der Sabinerinnen" in ihrer manieristisch verdrehten Komposition.

Sfumato – Das milchige Licht der Toskana

Wenn die Sonne hinter den Bergen untergeht, wenn ein leichter Dunstschleier über den Tälern den Blick verstellt, dann überzieht sich das Land mit jenem milchigen Licht, das die Hügel miteinander verschmelzen läßt und ihren Konturen jede Schärfe nimmt – mit jenem berühmten toskanischen Licht, das „sfumato" genannt wird. Leonardo da Vinci hat es in seinen Bildern meisterhaft verewigt, wie auf seinem wohl berühmtesten Gemälde, dem Portrait der Mona Lisa, das den Kunstliebhabern in aller Welt so viele Rätsel aufgibt. Vergessen wir die Frage, wer sie nun gewesen sein mag, ob – und warum – sie nun lächelt oder nicht, oder ob die schöne Dame in Wahrheit ein Jüngling oder vielleicht gar der Maler selbst war und vertiefen wir uns in den Bildhintergrund: wir sehen eine Landschaft, die nichts mehr mit dem mittelalterlichen monochromen Goldauftrag oder mit der gläsernen Unendlichkeit eines Raffael zu tun hat, eine Landschaft, die durch den milchigen Schleier, der sie überzieht, eher Atmosphäre als Abbild ist, und die durch eben jenes diffuse Sfumato, mit seinen sanften, verschwommenen Übergängen so geheimnisvoll zweideutig wirkt wie das Lächeln der Mona Lisa selbst.
Wie bei kaum einem anderen verbinden sich bei dem in Vinci geborenen Universalgenie, dem Baumeister, Maler und Bildhauer, dem Forscher und Konstrukteur, die Kunst mit der Wissenschaft. Die Erfahrung, die Beobachtung war sein oberstes Prinzip. Von hier aus suchte er die Gesetze, die den Dingen innewohnen und machte sich dadurch zum Vorläufer der modernen Naturwissenschaften. „Und, getrieben von meiner Neugierde, zog ich aus, die große Zahl der verschiedenartigen und seltenen Formen zu betrachten, die von der sinnreichen Natur geschaffen worden sind." (Codex Arundel) Auf Tausenden von Blättern sind seine Beobachtungen festgehalten: Abhandlungen über die Optik, über die Mechanik, über Biologie oder Kosmologie, Konstruktionsskizzen über jene Apparate, mit deren Hilfe er dem Menschen ermöglichen wollte, sich wie ein Vogel in die Lüfte zu erheben, nicht zu vergessen jener berühmte „Proportionskanon des Menschen", der durch die vermessenen Gliedmaßen Aufschluß über die vollkommene Harmonie der Proportionen geben will. Das Fahrrad hat er 300 Jahre vor dem Freiherrn von Drais erfunden. Und viele Skizzen widmete er allerlei militärischem Gerät wie Panzer und Kanonen, so daß er sich mit 30 Jahren selbstbewußt beim Fürsten Ludovico Sforza in Mailand als „Ingenere Militare" bewarb. Viele seiner Konstruktionsskizzen sind in Spiegelschrift geschrieben, fast alle enthalten kleine Fehler: Ein genau dem Konstruktionsplan nachgebautes Gerät würde nicht funktionieren – ein genial einfacher Schutz zu einer Zeit, da es noch kein Patentamt gab. Leonardo da Vinci – ein Renaissance-Mensch, wie er im Buche steht, von Neugier getrieben, voll Glaube an die Wissenschaft, die für ihn auch zur Grundlage des Malens wird, aber nicht ohne Glaube an die Macht des Subjektiven. Gefühl und Rationalität, Wissenschaft und Poesie bilden für ihn eine Einheit. Seine Bilder sprechen davon: Die Natur gibt den Körper. Der Maler gibt den Figuren Leben – Seele, Gefühle und Empfinden.
Bereits als Zwanzigjähriger wird Leonardo 1472 in die Florentiner Malergilde aufgenommen. Noch jünger, nämlich gerade 13 Jahre alt, war das zweite Bilderbuch-Genie aus der Toskana zum Zeitpunkt seiner Aufnahme in die Gilde: Michelangelo Buonarotti, der „Göttliche", Bildhauer, Maler, Architekt und Dichter, dessen Kolossalskulptur des „David" in Mini-Format auch heute noch die Wandschränke in aller Herren Länder ziert. Lebensgroße Kopien, das Original steht in den Uffizien, kann man in Florenz gleich mehrfach bewundern. Das Rathaus in Caprese, dem Geburtsort Michelangelos, beherbergt eine ganze Sammlung von Nachbildungen seiner Werke.

Michelangelo: Vater des David und des Barock

Nicht von ungefähr ist jener „David" eine Art Wahrzeichen der Stadt. Von 1501 bis 1504 entstand der biblische Kämpfer aus einem einzigen Marmorblock, an dem sich Jahre vorher schon einmal ein Künstler versucht hatte und der seitdem als verhauen und nicht mehr zu gebrauchen galt. Mit diesem David hat Michelangelo alle jene Tugenden in Stein gehauen, die den Florentiner – nach eigener Einschätzung – über all die Konkurrenten jener Zeit hervorhob: Festigkeit und Zorn. Die Festigkeit im harmonischen, kraftvollen Körper, voller Spannung, konzentriert und zielgerichtet, den Zorn im wachsamen, entschlossenen Gesicht. Schicksalhaft war für den jungen Michelangelo die Begegnung mit Lorenzo de' Medici, der den vielversprechenden Halbwüchsigen in sein Haus holte. Die Verbundenheit mit dieser Familie war es denn auch, die ihn nach dem Tod Lorenzos aus der Stadt trieb, genau wie den Sohn seines ehemaligen Förderers, Piero de' Medici, der von den florentiner Bürgern nach nur zweijähriger Regentschaft davongejagt wurde. In seinem Zufluchtsort Rom schuf Michelangelo dann sein berühmtestes Werk, die Fresken der Sixtinischen Kapelle.

Aber immer wieder kehrt er nach Florenz zurück. Die Grabkapelle der Medici und die berühmte „Pietà" im Dommuseum – hier dominiert Michelangelo als Bildhauer, „Michelangelo Sculptore", der sich seine Marmorblöcke selbst in den Steinbrüchen über Carrara aussucht. Obwohl er in der Sixtinischen Kapelle die wohl eindrucksvollsten Fresken der Kunstgeschichte geschaffen hat, versteht er sich zeitlebens in erster Linie als Bildhauer. Und vor allem in seinen Skulpturen wird schon recht früh deutlich, daß Michelangelo im Grunde als der „Vater des Barock" verstanden wird: bereits in der „Kentaurenschlacht", einem der Frühwerke, werden künftige Entwicklungen sichtbar: Eine dynamische Komposition, die sich nicht mit der Beschreibung der Szene begnügt, die aus der Spannung der ineinander verkeilten Körper lebt und in der durch die „Technik des Unvollständigen" bereits ein gewisses Maß an Abstraktion erreicht wird. Der Manierismus ist noch eine toskanische Schöpfung, aber der Barock steht schon vor der Tür. Die Welt verändert sich, die höfische Gesellschaft des Absolutismus gewinnt an Einfluß, mit ihren eigenen Gestaltungsmitteln. Das Zentrum der Kunst verlagert sich nach Rom, der Niedergang der toskanischen Kunst beginnt.

Die Hochrenaissance hatte das Bild vom vollkommenen Menschen geschaffen. Aber Vollendung läßt sich nicht steigern, und Beharren würde Stillstand bedeuten. Michelangelo mag dies bereits gespürt haben.

„Renaissance": toskanische Malerei, Bildhauerkunst, Architektur. Zwar sind die bildenden Künste eindeutig die wichtigsten, diejenigen, die dem Ideal der Antike am nächsten kommen konnten, aber auch die Literatur hat die Toskana jener Zeit geprägt – und sei es auch nur im Rahmen jener Zauberformel von der Universalität des Genius, die eine ganze Reihe von Malern, Bildhauern oder Architekten dazu antrieb, sich auch als Schriftsteller oder Komponisten zu betätigen. Ein geradezu „klassisches" Beispiel für diese Mehrfachbegabung in unterschiedlichsten künstlerischen Disziplinen ist der Baumeister Leon Battista Alberti. Nicht nur der Palazzo Rucellai und die Fassade von Santa Maria Novella in Florenz stammen von ihm: er, der uneheliche Sohn von Lorenzo Alberti, war auch Athlet, Kunsttheoretiker, Wissenschaftler, Physiker, Musiker und Schriftsteller – letzteres vor allem als Verfasser lateinischer und volkssprachlicher Texte. Dem großen Humanisten war keine glückliche Jugend beschert: Seine Eltern lebten in ständigem Zank, kaum ein Tag, an dem im Hause Alberti nicht gestritten wurde. Trotzdem, oder gerade deshalb, schreibt er Komödien und – unter anderem – ein vierbändiges Werk über die Familie: Della famiglia.

Alberti verfaßte seine Werke mal auf lateinisch, mal in der toskanischen Volkssprache – und stellte sich damit in die Tradition eines Dante Alighieri und eines Giovanni Boccaccio, ersterer der Schöpfer der berühmten „Divina Commedia", der zweite Verfasser der Novellensammlung „Decamerone". Gemeinsam mit Petrarca gelten sie bis heute als die „drei Florentiner Kronen". Dante, der 1277 im Alter von 12 Jahren von seinem Vater mit Gemma, einer Tochter der mächtigen Familie Donati, verlobt wurde, und der bereits an der Schwelle zur Renaissance in seinen Schriften den Menschen ins Zentrum der Schöpfung stellt; Petrarca, der als Dichterkönig gefeierte Träumer, der sich in die Antike zurückzieht und sein Leben lang an seiner unerfüllten Liebe zur schönen Laura leidet; und Boccaccio, dem erst nach jahrelangen Auseinandersetzungen mit seiner Familie das Studium der Literatur erlaubt wurde und der dennoch schließlich zum Schöpfer der italienischen Volkssprache wurde. Und nicht zu vergessen Girolamo Savonarola: auch er schrieb zahlreiche moralische und politische Traktate. Oder Lorenzo dei Medici, Politiker und Lyriker, der sich auch der volkstümlichen Dichtung annahm, Tanz- und Karnevalslieder verfaßte und mit „I Beoni" (Die Säufer) seine Zeitgenossen karikierte.

Mit dem weiteren Verlauf der Renaissance, mit der Entwicklung der menschlichen Fähigkeiten, mit dem Zugewinn an Erkenntnissen auf wissenschaftlichem und technischem Gebiet, mit der Erforschung der Perspektive wuchs auch das Selbstbewußtsein der Künstler und damit die Suche nach immer wieder neuen Gestaltungsmöglichkeiten. Schon in der Hochrenaissance zeichnet sich der Weg in den Manierismus ab mit seinen stark gestreckten Körpern, den scharfen Hell-Dunkel-Kontrasten und der inneren Spannung der Bilder und Skulpturen, die sich in fast schon überzogenen Bewegungen ausdrückt. Das Diktat der Naturnachahmung tritt mit der Zeit mehr und mehr zurück hinter die Phantasie des Künstlers. Die zeichnerischen Mittel verlieren zugunsten der malerischen an Gewicht, die Proportionen verschieben sich. Dramatische Kompositionen lösen die Schilderung der Wirklichkeit ab. Es ist im Grunde eine Rückkehr zur subjektiven Sicht. Dennoch: Indem sich die Künstler der Renaissance dem Prinzip der Naturnachahmung verschrieben und damit ihren Werken neue Motive gegeben haben, befreiten sie diese gleichermaßen aus der zweckbestimmten Stellung und der Symbolik des Mittelalters und schufen damit die Voraussetzungen für die moderne Kunst.

Eine lange Zypressen-Allee wirft ihre Schatten auf den Weg zur Renaissance-Wallfahrtskirche Madonna di San Biaggio bei Montepulciano.

Pienza, Geburtsort von Enea Silvio Piccolomini, dem späteren Papst Pius II., der hier eine ideale Stadt nach den Maßstäben der Renaissance erbauen ließ.

San Casciano dei Bagni in der Provinz Siena. Heilende Quellen und Fango-Kuren haben dem mittelalterlichen Städtchen zu einem guten Ruf weit über die Region hinaus verholfen.

Als habe nicht der Mensch die Häuser gebaut, sondern die Natur sie aus dem Stein emporwachsen lassen: In Pitigliano ist kaum erkennbar, wo der Fels aufhört und das Mauerwerk beginnt.

Nächste Seite:

Dom und Torre Pendente in Pisa. Vor 400 Jahren studierte Galileo Galilei von der überhängenden Seite des Turmes aus die Gesetze vom freien Fall.

Reliefs, Portraits, Rundbögen und Spitzgiebel – am Baptisterium in Pisa läßt sich der Übergang von romanischen zu gotischen Formen und Stilelementen auf kleinstem Raum studieren.

Der Dom Santa Maria Assunta, eine fünfschiffige Basilika aus weißem Marmor, dahinter das Baptisterium in Pisa.

Nackte Knäblein, pausbäckig und verspielt – die Verkörperung kindlicher Lebenslust vor dem Baptisterium in Pisa.

Nächste Seite:

Dunst über Florenz – nicht der berühmte sfumato, den die Natur zaubert, sondern die dicke Luft des Industriezeitalters.

Keine Angst vor wilden Tieren. Eine Taube zapft den Fonta Gaia an, das Meisterwerk von Iacopo della Quercia aus dem 15. Jahrhundert auf der Piazza del Campo in Siena.

Brunelleschis Meisterwerk, die Domkuppel in Florenz, links davon der Campanile und das Baptisterium, ganz links das Rathaus.

Nächste Seite:

Detail der Fassade des Doms in Florenz. Der gewaltige gotische Bau wurde 1296 von Arnolfo di Cambio begonnen und 1436 eingeweiht.

Mauerdurchbrüche, Torbögen, Licht und Schatten in der Altstadt von Volterra. Velatri hieß sie zur Zeit des etruskischen Zwölf-Städte-Bundes.

Stilistisch schön und statisch perfekt: Rundbögen an einer Fassade in Volterra. Die Etrusker haben dieses Bauelement schon lange vor den Römern entwickelt.

Ponte Vecchio, die älteste Arno-Brücke in Florenz, 996 erstmals urkundlich erwähnt. Als einzige Brücke der Stadt hat sie den Zweiten Weltkrieg ohne Sprengung überstanden.

Der Palazzo Pubblico an der Südseite der Piazza del Campo in Siena: Ein gotischer Prachtbau aus Backstein und Travertin.

Die Piazza del Campo in Siena, sie ist Mittelpunkt der Altstadt und Arena für die weltberühmten Reiterspiele, den „Palio".

Die Villa Mansi bei Lucca. Vor den Stadttoren bauten reiche Familien ihre Traumhäuser, für die innerhalb der Stadtmauer, der Mura Antiche, kein Platz war.

Im Garten der Villa Garzoni bei Collodi, nahe Lucca – einer der prächtigsten Barockgärten der Toskana.

Die Teufelsbrücke, die bei Borgo a Mozzano in kühnen Bögen den Fiume Serchio überspannt. Sie wurde im 11. Jahrhundert erbaut und ist eine der ältesten Brücken Italiens.

Land und Leute – Die rote und die katholische Toskana

Wie, bitteschön, und vor allem warum, kommt Berlinguer eigentlich nach Lamporecchio? Enrico Berlinguer wohlgemerkt, damals noch charismatischer Chef der Kommunistischen Partei, der Partito Comunista Italiano, der PCI, wie sie zu seiner Zeit noch hieß? Und der höchstpersönlich soll Lamporecchio, diesem Dutzend-Städtchen am Fuße des Monte Albano, eine Autostunde westlich von Florenz, seine Reverenz erwiesen haben? Aber da gibt es nichts zu deuteln. Es steht da, schwarz auf weiß: Sandro, der die Kaffee-Bar mitten im Ort neben der Bankfiliale betreibt und in einem garagenähnlichen Anbau nebenbei die leckeren Brigidinis bäckt, jene krossen Anis-Chips, die so gut zu seinem Espresso passen, Sandro also hat den Zeitungsausschnitt samt Foto aus der Regionalpresse gut sichtbar an die Wand geklebt, gleich unter die „Segafredo"-Uhr und direkt neben die Ergebnisse der regionalen Fußball-Matchs, dort, wo jeder hinschaut. Enrico Berlinguer, so ist da zu lesen, hat auf dem überfüllten Marktplatz eine umjubelte Rede gehalten. Dabei war überhaupt kein Wahlkampf; die jüngsten Parlamentswahlen – es war Mitte der siebziger Jahre – lagen gerade ein paar Wochen zurück. Und Berlinguer hat auch keine der üblichen Wahlkampfreden gehalten, er hat sich bedankt. Bedankt bei den Einwohnern von Lamporecchio. Hatten sie doch auf dem Wahlzettel ihr Kreuzchen hinter der PCI häufiger gemacht als die Bürger aller anderen Städte zwischen Alpen und Sizilien, zwischen Adria und Riviera: satte 87 Prozent der Stimmen für die PCI. Das war selbst in der traditionell roten Toskana, in dieser PCI-Hochburg, ein Wort. Zwischen 45 und 50 Prozent in der Toskana insgesamt, gut 70 Prozent in Livorno, über 60 Prozent in Empoli, das waren durchaus übliche Ergebisse. Aber hier: die 90-Prozent-Marke fast gestreift! Lamporecchio, die Stadt mit dem höchsten Prozentsatz an kommunistischen Stimmen in ganz Italien! Ehrensache, daß da der Chef persönlich vorbeigeschaut und sich bedankt hat.

Bewußtseinsprägend: die bäuerliche Armut – eine Wurzel der kommunistischen Tradition

Dabei ist Lamporecchio, der 6000-Seelen-Ort, keine Industriestadt, und vom Balkon des Rathauses weht noch nicht einmal die rote Fahne. Gähnende Normalität herrscht vielmehr in den schmucklosen Straßen. Nur einmal in der Woche, wenn der Kleider- und Lebensmittelmarkt vormittags die Hauptstraße blockiert, wird es quirlig und etwas eng im Zentrum. Ansonsten dominieren vor allem die Handvoll Kaffee-Bars, der Fußballplatz und der COOP-Laden das örtliche Geschehen. Die Umgebung ist in erster Linie landwirtschaftlich geprägt. Hauptsächlich Wein und Oliven werden angebaut. Auf die Qualität des Öles aus uralten Olivenhainen ist man mit Recht stolz. Die Ölmühle, die von der Genossenschaft betrieben wird, ist ein Schmuckstück. Und ihren Rotwein, den Chianti Putto, brauchen die Winzer auch nicht zu verstecken. An dem nach Südwesten ausgerichteten Berghang gedeihen die Reben prächtig. Viele Einwohner sind, zumindest im Nebenerwerb, Landwirte. Andere fahren zur Arbeit nach Em-

poli oder Pistoia, den nächsten größeren Städten mit einiger Industrie. So normal ist hier alles, wie es in der Toskana eben normal war und normal geblieben ist, Kommunist zu sein – oder zumindest so zu wählen.
Für den Parteisekretär sind die ländliche Struktur und die vielen PCI-Stimmen denn auch überhaupt kein Widerspruch, sondern ganz selbstverständlich und einfach zu erklären: die kommunistische Tradition in der Toskana ist zu einem wesentlichen Teil bäuerlichen Ursprungs. Die frühere sklavische Leibeigenschaft der Bauern, dann die Jahrhunderte alte Sozialgeschichte der Mezzadria, der Halbpacht, gefolgt von dem erwachenden Selbstwertgefühl der Landarbeiter, zuletzt der Kampf um die Agrarreformen bis in die zweite Hälfte unseres Jahrhunderts – das alles hat die Landbevölkerung politisch bewußt gemacht, geprägt und gefestigt. Und in den Städten reicht die Beteiligung unterer Volksschichten an der Regierung bis in die Mitte des 13. Jahrhunderts zurück: nach einem Sieg der Guelfen im Jahre 1250 bildete sich in Florenz der „Primo Popolo". Erstmals waren kleine Handwerker und Händler an der Regierung beteiligt, der Adel dagegen war ausgeschlossen und mußte seine protzigen Wohntürme um mehrere Stockwerke abtragen.
Und so hat sich die Stammwählerschaft der PCI schon immer auf das Land und die Kommunen recht gleichmäßig verteilt – ganz im Unterschied etwa zu Frankreich, wo neunzig Prozent der Kommunisten in großen Städten wohnen und sich fast ausschließlich aus der sozialen Schicht der Industriearbeiter rekrutieren. Und so war es auch kein Wunder, sondern nur folgerichtig, daß die PCI 1921 auf toskanischem Boden gegründet wurde, in der Hafenstadt Livorno. Schon damals waren verarmte Landarbeiter neben dem Industrieproletariat die Stützen der Partei. An deren Verankerung, vor allem bei der Landbevölkerung, hat sich bis heute strukturell nur wenig geändert, obwohl es die klar definierbare Masse des Bauernstandes so, wie noch vor zwei oder drei Jahrzehnten, nicht mehr gibt. Die Zahl derjenigen, die dort ihr Brot verdienen, geht immer noch zurück, zum einen. Und zum anderen: Der Besitzer eines gutgehenden Weingutes muß inzwischen ebenso sehr Kaufmann wie Bauer sein, und selbst Kleinbetriebe kümmern sich notgedrungen ums Marketing, denn auch der profitable Direktverkauf an die Touristen will gelernt sein.

Das dialektische Prinzip um das dialogische erweitert

Der eher undogmatische und für breite Schichten attraktive italienische Weg des Kommunismus wurde schon kurz nach der Parteigründung eingeschlagen, als sich unorthodoxe Arbeiter, aber auch viele Intellektuelle, gegen allzu stramme Hardliner durchsetzen konnten. Arbeiter und Intellektuelle zusammen – von dieser italienischen Mischung konnten andere kommunistische Parteien in Westeuropa nur träumen. Auf diesem Humus konnte auch das selbstbewußte Auftreten gegenüber den Machthabern in Moskau gedeihen. Und das hat nicht zuletzt dazu beigetragen, daß der Zusammenbruch der Sowjetunion zwar auch in den Reihen der PCI nicht schmerzlos verkraftet wurde, die Identitätskrise jedoch nicht ganz so gravierend ausfiel wie bei den anderen europäischen Parteien gleicher Couleur. Zwar hat die Partei ihren Namen geändert. Aber die Herzen schlagen und die Köpfe denken hier immer noch links. Und zwar nicht verdruckst, sondern mit Rückgrat. Nirgendwo gibt es selbstbewußtere und unkompliziertere Linke und Kommunisten als hier. Und das bis auf den heutigen Tag. Selbstbewußt, wie dies die legendäre Reaktion des PCI-Vorstandes auf den überdeutlichen Rüffel aus Moskau wegen der italienischen Sympathien für die polnische Solidarnosc-Bewegung exemplarisch demonstriert hat: Argumente und Diskussionen auf der Grundlage von Gleichheit und gegenseitiger Achtung seien notwendig, wurde vom Tiber mit erhobenem Kopf an die Moskwa gemeldet, und keine Disziplinierungsversuche, Beschimpfungen oder gar Verurteilungen. Selbstbewußt auch, wie dies eben eine Nachkriegs-Gesellschaft sein kann, die wesentlich dazu beigetragen hat, die Herrschaft des Faschismus im eigenen Land zu beenden. Wo die gegen die deutsche Wehrmacht und den hausgemachten Mussolini kämpfenden Partisanen kein kleines Häuflein Aufrechter waren, sondern eine Bewegung, die nach Hunderttausenden zählte. Oder, wie es ein kluger Kopf einmal formuliert hat: der italienische Weg des Kommunismus hat das dialektische Prinzip um das dialogische erweitert und ergänzt. Zuerst zuhören, dann diskutieren, schließlich verstehen und erst danach entscheiden – diese Reihenfolge wurde nicht nur als logisch und sinnvoll erkannt, sondern vor allem auch als human.
Unverkrampft, selbstbewußt, ja stolz ist man hier auf seine Gesinnung wie auf seine Geschichte. Wer heute noch durch eine Via Karl Marx oder eine Via Lenin schlendern möchte und bei uns nirgendwo mehr fündig wird, der ist in der Toskana herzlich willkommen. Und kaum ein Ort, der nicht via Schild am Straßenrand seine Gesinnung dokumentiert in Sachen Atomwaffen und Frieden: „Zona denuclearizzata" und „Città della pace" ist dort allenthalben zu lesen. Auch diese Schilder stehen noch. Für eine unorthodoxe Linke ist Italien, allen voran die Toskana, noch immer ein wesentlicher Kristallisationspunkt, eine Herzen und Köpfe allemal erfrischende Erfahrung.
Die starke Verwurzelung der Kommunisten in der Toskana zeigte sich schon bei den ersten Parlamentswahlen nach dem Zweiten Weltkrieg. Nachdem sich bei einer Volksabstimmung im Jahre 1946 die Mehrheit der Bevölkerung gegen Viktor Emanuel III. und damit gegen ein Weiterbestehen der Monarchie entschieden hatte, fanden schon wenig später die ersten landesweiten Parlamentswahlen statt. Während im gesamtitalienischen Durchschnitt die Christdemokraten mit 35,2 Prozent deutlich vor den Kommunisten mit 19 Prozent lagen, war es in der Toskana gerade umgekehrt: hier schaffte die PCI unangefochten den ersten Platz. Und den hat sie bis heute erfolgreich verteidigt. So ist es nur folgerichtig, daß der sindaco, der Bürgermeister, in den meisten Städten „rot" ist. Nur im „weißen" Lucca verteidigen – niemand weiß so recht warum – seit jeher die Christdemokraten bei allen Wahlen ihre Vormachtstellung. Es sind böse Zungen, die da behaupten, die Luccheser hätten vor lauter schaffen, schaffen, schaffen keine Zeit, um über Politik nachzudenken.

Zuerst Weihwasser nachfüllen, dann in die Casa del Popolo

So selbstverständlich es für einen Toskaner ist, links und Kommunist zu sein, so wenig Probleme hat er, dies mit seinem Glauben und der katholischen Kirche in Einklang zu bringen. Immerhin 99 Prozent der Italiener und auch der Toskaner sind römisch-katholisch. Erst seit dem Konkordat von 1984 ist der Katholizismus nicht mehr Staatsreligion und katholischer Religionsunterricht kein Pflichtfach mehr. Daß Berlinguers Ehefrau praktizierende Katholikin war, das war bekannt und kein Mensch störte sich daran. „Don Camillo und Peppone", der streitbare Dorfpfarrer und sein allgegenwärtiger Kontrahent, der kommunistische Bürgermeister, die beiden Typen aus Giovanni Guareschis berühmtem gleichnamigem Buch, sind in der Toskana alltägliche Realität.
Franco zum Beispiel, ein Bauarbeiter aus der Nähe der Glasbläserstadt Empoli, und seine Familie verkörperten auf geradezu idealtypische Weise die unverkrampfte Verbindung von Gläubigkeit und politischem Bewußtsein. Er war selbstverständlich Kommunist, und das natürlich auch geblieben, als er sich selbständig gemacht und einen veritablen Zwei-Mann-Betrieb aufgebaut hatte. Zusammen mit seiner Frau Franca und einer Handvoll Kindern bewohnte er den Anbau der katholischen Dorfkirche, der früher vom Pfarrer genutzt wurde. Ein Teil der Miete wurde verrechnet, indem Franca die Meßgewänder wusch und bügelte und Franco nach Feierabend für den Kerzennachschub sorgte und zudem darüber wachte, daß die Weihwasserschalen am Kirchenportal immer gefüllt waren. War das erledigt, konnte er in die Parteikneipe gehen, in die Casa del Popolo unten im Dorf, und hinterm Tresen aushelfen. Problemi? Ma!
Daß es hier eine Tradition für linke, volksnahe Priester gibt, versteht sich da schon fast von selbst. Zu einem über die Landesgrenzen hinaus bekanntgewordenen Symbol für einen engagierten Arbeiterpriester wurde Ende der sechziger Jahre der Priester Don Mazzi. Der „Fall Isolotto", benannt nach der Vorstadt von Florenz, wo Mazzi wirkte, löste in der Amtskirche ein kleines Erdbeben aus. Als sich Mazzi weigerte, am Sonntag ex cathedra zu predigen und lieber Probleme diskutierte, die seinen Gemeindemitgliedern unter den Nägeln brannten, ja, die Kirche sogar als Diskussionsforum zur Verfügung stellte, da war die Geduld des Erzbischofs rasch am Ende: er schloß Mazzi aus der Kirche aus. Seither trifft sich die Gemeinde allsonntäglich mit Mazzi zur Diskussion – auf dem Platz vor der Kirche. Das war der Startschuß für eine ganze Reihe von Basis-Gemeinden, die heute überall in der Toskana bürgernahe Kirchenarbeit praktizieren. Ob bewußt oder nicht: die Mazzi stehen ganz in der Tradition der Franziskaner und Dominikaner, die im 13. Jahrhundert ihre Kirchen und Konvente nicht in den Städten, sondern dort errichteten, wo sie dem niederen Volk am nächsten waren: in den Vororten am Stadtrand und auf dem Land. Viele der ländlichen pieve, der Landkirchen, sind so entstanden. Der Name pieve leitet sich ab vom lateinischen plebes, den christlichen Landgemeinden.

Aufmüpfige Priester und gleichberechtigte Frauen – für Kirche und Staat sind sie des Teufels

Ich bin am Monte Amiata gewesen und habe dort Jesus Christus gesehen. Er war ein tüchtiger Sozialist und starb dort für die Freiheit. (Lied der Lazzaretti-Anhänger)

Die Reihe aufmüpfiger Priester, die dem Volke näher waren als dem Papst, weist hier bekannte Namen auf. Sie hat mit Girolamo Savonarola begonnen und 400 Jahre später mit David Lazzaretti erneut einen von vielen bewunderten Sprecher gefunden. Er gründete 1872 eine christliche Bruderschaft, die sich vor allem um die Selbsthilfe für verelendete Hirten, Bauern und Arbeiter kümmerte. Kollektive Organisationsformen und – unter staatlichen, erst recht unter kirchlichen Aspekten des Teufels – die Gleichberechtigung von Mann und Frau wurden hier nicht nur proklamiert, sondern erstmals in die Tat umgesetzt: ein Mann und eine Frau waren gleichberechtigte Vorsitzende der Organisation. Auf diese ungeheuerliche Provokation wußten Staat und Amtskirche nur mit dem bekannten, auch heute noch gelegentlich mit Erfolg praktizierten Schema zu reagieren: den Verantwortlichen zuerst ignorieren, ihn, wenn das nicht ausreicht, für verrückt erklären, dann kriminalisieren und schlußendlich erschießen. Bei der Rückkehr von einer Wallfahrt wurde Lazzaretti 1878 von Carabinieri getötet. Seine Bewegung war damit jedoch nicht tot. Seine Anhänger machten weiter, und viele von ihnen wurden später Gründungsmitglieder der PCI und schlossen sich während des Zweiten Weltkrieges den Partisanen an. Don Lorenzo Milani, ein anderer Volkspriester, wurde 1947 wegen seiner unliebsamen Predigten in die Berge nach Barbiana über dem Mugello strafversetzt, wo er unverzüglich eine Volksschule, eine scuola popolare, im ursprünglichen Sinne des Wortes gründete.
Aber auch solche Traditionen können nicht darüber hinwegtäuschen, daß gerade bei jungen Leuten eine schrittweise innerliche Lösung von der Kirche mehr und mehr um sich greift. Zwar manifestiert sich dies weniger als in anderen Ländern schon an der Zahl der Kirchenaustritte, dafür ist der Rückgang der Eheschließungen auffallend. Vor dem Traualtar, also mit kirchlichem Segen, heiraten gerade noch drei Viertel, in ganz Italien immerhin noch über 80 Prozent. Und in den Kirchen sieht es während der Gottesdienste aus wie bei uns: in der Hauptsache ältere Menschen, allen voran schwarz gekleidete Frauen, drücken die Kirchenbänke.
Die Toskana, eine wirtschaftlich prosperierende Region, ist keine „Rote Bastion der Armut", wie dies einmal ein Parteisekretär ausgedrückt hat. Links denken, leben und fühlen gehört zum Alltag der Intellektuellen wie der Arbeiter und Bauern, aber auch der Handwerker und selbst der Eigentümer von Kleinbetrieben. Von allen respektiert, haben sich die Kommunisten insbesondere bei der Verwaltung von Städten einen Namen gemacht: sie gelten als sehr kompetent und nur selten korrupt. Bei allen Abstrichen, die in Fragen einer funktionierenden Verwaltung in Italien immer gemacht werden müssen: die Toskana ist der bestorganisierte Teil des ganzen Landes.

Die Abbazzia Monte Oliveto Maggiore. Zu Beginn des 14. Jahrhunderts wurde das Kloster von einem steinreichen Juristen gegründet, der dem Luxus abschwor und hier fortan nach den strengen Regeln des Heiligen Benedikt lebte.

Ein Rapsfeld bei San Quirico d'Orcia über den Flußtälern von Orcia und Arno, südöstlich von Siena. Schon die Römer siedelten hier nahe der Via Cassia.

Mondaufgang über Montepulciano. Prächtige Renaissance- und Barock-Bauten prägen das Stadtbild. Im Vordergrund die Wallfahrtskirche Madonna di San Biaggio.

Wie eine Krone liegt der 600 Jahre alte Mauerring von Monteriggioni auf einer Bergkuppe südöstlich von Colle Val d'Elsa. Die 14 Wehrtürme sind alle erhalten.

Die Abbadia San Antimo liegt südöstlich des Montalcino. Das romanische Kloster aus weiß-bräunlichem Travertin-Stein wurde von Karl dem Großen gegründet.

Aus den Sonnenblumenfeldern erhebt sich Castaldo – einstiges Verwaltungszentrum für das florentinische Umland. 1375 starb hier der Dichter Giovanni Boccaccio.

Farbenpracht auf einer Wiese bei Pienza, wie sie schon vor 500 Jahren der berühmteste Sohn der Stadt, Enea Silvio Piccolomini, der spätere Papst, gesehen haben mag.

Arcidosso – trutzig wie aufeinandergehäufte Steinwürfel reckt sich der Ort in die Wolken.

Wie die perspektivische Vergrößerung dieser Hausfassade aus dem Dorf Bedizzano erscheint die weiße Wand des Marmorbruches im Sonnenlicht.

Ewigen Schneefeldern gleich leuchten die Marmor-Steinbrüche von den Höhen der Alpi Apuane ins Tal.

Cetona, dicht an der Grenze zu Umbrien auf einem Hügel über dem Astrone-Fluß gelegen, ist, wie das benachbarte Chiusi, eine Gründung der Etrusker.

Perfektion und Dolce vita — Die Toskana und die Deutschen

Die Anzahl der schiefen Türme, die als Salzstreuer, Aschenbecher, Fernsehlampen und ähnliche Scheußlichkeiten alljährlich von den Kitschhändlern an der Piazza dei Miracoli in Pisa den Weg in bundesdeutsche Wohnstuben finden, wird von keiner Statistik erfaßt. Und wie oft die Domkuppel zu Florenz, im plastikumschlossenen Kunstschneegestöber versunken, deutsche Vitrinen ziert, hat auch noch niemand genau nachgezählt. Wenn dieser millionenfach verscherbelte Nippes allein als Gradmesser herhalten müßte für die Sympathie, die die Deutschen der Toskana entgegenbringen, dann wäre das Land unserer Sehnsucht bloß ein Reiseziel wie jedes andere auch. Doch es ist mehr: Es ist eine sehr spezielle, bald geheimnisvolle, bald ganz vordergründige Beziehung, in die Italiener und Deutsche, vor allem aber die Toskaner und die Deutschen, seit jeher verstrickt sind. Ein Auf und Ab der Gefühle, Empfindungen und Erinnerungen ist es. Geschenkt jedenfalls haben vor allem die Deutschen den Toskanern in der Vergangenheit nichts. Das Mit- und Gegeneinander hat im Laufe der Jahrhunderte keine Tiefpunkte ausgelassen auf der Skala freundschaftlicher Verbundenheit, sachlicher Respektierung oder feindlicher Konfrontation.

Schon lange vor den Römern: Männer aus Tuscien brachten Wein über die Alpen

Dabei haben bereits Kelten und Germanen von den Völkern südlich der Alpen profitiert und schon den Etruskern ein Plus an Lebensqualität zu verdanken. Sie, die der Toskana den Namen gegeben und dort eine erste kulturelle Blüte entwikkelt haben, brachten schon lange vor den Römern eigenen Wein, in Tonkrüge und Schläuche aus Tierhäuten gefüllt, hinauf bis nach Süddeutschland. Die bronzene Schnabelkanne der Etrusker, in der der Wein kredenzt wurde, haben Archäologen aus Grabkammern an Rhein und Donau ans Tageslicht gefördert. Und in einem pfälzischen Fürstengrab wurde ein Goldreif gefunden, dessen Ornamente aus orientalischen Fabelwesen mit den Etruskern über die Alpen gekommen sind. Trotz dieser frühen Begegnung auf germanischem Boden steht eines fest: Die Deutschen waren weit häufiger und wesentlich zahlreicher in der Toskana als die Toskaner in Deutschland. Das ist, an den Urlauberzahlen gemessen, auch heute noch so.

Recht wahrscheinlich ist es, daß Männer aus Tuscien, einige Zeit nach den ersten Weinlieferungen, noch einmal die Alpen nach Norden überqueren mußten. Vor eineinhalb oder zwei Jahrtausenden von den Römern zwangsweise rekrutiert oder vielleicht auch freiwillig mitgekommen, zogen sie mit deren Legionen bis nach Badenweiler, Trier und Regensburg. Vor den Spuren, die sie dort hinterlassen haben, stehen wir heute noch mit Bewunderung. Verheerend dagegen, was deutsche Landser im Zweiten Weltkrieg vor allem im toskanischen Norden und in Florenz angerichtet haben. Zwar wußten sich die Staufer vor vielen hundert Jahren so gut in Erinnerung zu halten, daß man San Miniato, ihr toskanisches Hauptquartier, mit dem Zusatz „al Tedesco" würdigte. Hitlers Armee aber hat

Teile der Stadt in die Luft gejagt und den deutsch-freundlichen Zunamen gleich mit weggesprengt. Wer die schiere Fassungslosigkeit einer ländlichen toskanischen Bevölkerung gegenüber den Greueln eines Krieges und das Aufbäumen dagegen nachempfinden möchte, findet bei den Brüdern Taviani vielfältigen Rat und Aufschluß. Die beiden kongenialen Regisseure haben in ihren subtilen Filmen „San Miniato, Juli 1944“ und „Die Nacht von San Lorenzo“ – deutsche Truppen haben die in der gleichnamigen Kirche versammelte und Schutz suchende Bevölkerung verbrennen lassen – mehr treffende Antworten auf die Frage nach deutsch-toskanischen Befindlichkeiten auf Zelluloid gebannt, als viele Worte dies auch nur annähernd zu beschreiben vermögen.

Perfektion und Dolce vita – eine beidseitige Bewunderung

Der Tourismus, die Völkerhinundherwanderung des 20. Jahrhunderts, der Ablauf der Zeit und der damit verbundene Generationenwechsel haben sicherlich auch in diesem sehr speziellen Verhältnis manches glattgeschliffen und einiges dem Vergessen anheimgegeben. Und so kann ein Gutteil der Beziehung heutzutage sicher mit einem durch gegenseitigen Respekt unterfütterten Pragmatismus beschrieben werden – ganz sicherlich nicht die schlechteste Art, miteinander umzugehen und auszukommen. Die grundsätzliche Bewunderung „des Italieners“ für den deutschen Perfektionismus, der ihn jedoch gleichzeitig auch immer leicht schaudern macht, ist bei den ohnehin schon – gemessen am übrigen Italien – überdurchschnittlich perfekten Toskanern besonders ausgeprägt. Wer, wie die Toskana, mit den Segnungen einer halbwegs funktionierenden Verwaltung ausgestattet ist und aus dem administrativen Chaos ringsum herausragt, ist offenbar auf den Geschmack gekommen und will noch mehr davon. Ob die Geschichte jenes Bürgermeisters stimmt, der eines Morgens ins Rathaus kommt, dort keinen einzigen seiner rund zweihundert Bediensteten antrifft und daraufhin allen auf der Stelle das Kündigungsschreiben ins Haus schickt, ist unerheblich. Die dem Behördenchef zugetraute Reaktion aber ist für italienische Verhältnisse erstaunlich, in der Toskana jedoch zumindest denkbar. Umgekehrt findet des Deutschen geheime Sehnsucht nach italienischem Dolce vita, nach südländischem Laisser-faire, gerade in dieser toskanisch abgemilderten Version jene eben noch zuträgliche Intensität, die, zumindest zur Urlaubszeit, allenthalben genossen werden kann, ohne daß man sich allzu fremd fühlt.

Eine gewisse Bewunderung also auf beiden Seiten. Und so hört sich das dreist-überhebliche Lob, das der Deutsch-Toskaner Curzio Malaparte (Kurt Erich Suckert von Geburt) seinen toskanischen Landsleuten angedeihen ließ, inzwischen ebenso angestaubt an wie die Verzweiflung eines Heinrich Heine beim Vergleich seiner Landsleute mit den Toskanern, die er bei seinem Kuraufenthalt in Bagni di Lucca ja so ausgiebig studieren konnte:

Wer wird bestreiten, daß die Intelligenz in der Toskana zu Hause ist und daß selbst noch die Toren, die anderswo Toren bleiben, bei uns immer intelligent sind? (Curzio Malaparte).

Und gibt es hier auch Philister, so sind es doch italienische Orangenphilister und keine plump deutschen Kartoffelphilister. Pittoresk und idealisch wie das Land sind auch die Leute. (Heinrich Heine).

Chronisten der jüngeren deutsch-toskanischen Geschichte halten den Mitarbeiter einer Trend-Zeitschrift aus den frühen sechziger Jahren für den Verursacher des aktuellen Toskana-Booms, der jährlich Hunderttausende – nunmehr friedliebende – Deutsche über die Alpen treibt. Ihm wird – je nach Standort – angelastet oder zugute gehalten, durch eine etwas zu prononcierte Berichterstattung über günstig zu erwerbende Bauernhäuser den Drang der Deutschen nach südländischen Besitztümern von der Provence in Richtung Toskana umgeleitet zu haben. Das mag stimmen oder auch nicht, Tatsache bleibt, daß just in jener Zeit ein verschärftes teutonisches Interesse an der Toskana zu verzeichnen ist. Dies alles fällt zudem in eine Periode, in der vor allem bei vielen jüngeren Menschen der Wunsch um sich greift, das vermeintlich knechthafte Untertanen-Dasein in einer kapitalistischen Industriegesellschaft mit dem toskanischen Acker der Selbstverwirklichung zu vertauschen. Wer dann noch als Startkapital eine kleine Erbschaft im Rücken und Leon Battista Albertis Hymne an den Landbesitz vor Augen hatte, bei dem war der Entschluß, auszusteigen und dem tristen Leben nördlich der Alpen adieu zu sagen, nur folgerichtig:

Im Frühling gewährt er dir unzählige Freuden: das Grün, die Blumen, die Düfte, die Gesänge der Vögel; er ist auf vielfache Weise bemüht, dich fröhlich zu machen, er lacht dich an und verspricht dir die reichste Ernte, erfüllt dich mit schöner Hoffnung und mancher Freude. Und wie freigiebig findest du ihn dann im Sommer! Bald diese, bald jene Frucht schickt er dir ins Haus, niemals bleibt es leer, irgendetwas hat er immer zu spenden. Nun naht der Herbst: da vergilt dein Landbesitz deine Mühen und Verdienste mit übermäßigem Preis, mit reichstem Lohn: wie gern, wie überströmend, mit welcher Treue! Zwölf für eins, für ein wenig Schweiß Fässer um Fässer Wein. [. . .] Zudem schenkt er dir die Rosinen und die anderen Trauben zum Aufhängen und Trocknen, und dazu mußt du noch rechnen, daß er dir das Haus für den ganzen Winter mit den schönsten duftenden Äpfeln, Birnen und Nüssen füllt. Und noch läßt dein Besitz nicht ab, dir alle Tage etwas von seinen späteren Früchten zu schicken. Ja nicht einmal im Winter vergißt er, sich dir gegenüber freigebig zu bezeigen: er schickt Brennholz, Öl, Wacholder und Lorbeer, auf daß du, sobald du vor Schnee und Wind ins Haus flüchtest, dir dein Herdfeuer angenehm und duftend machen kannst. Und wenn du dich entschließen kannst, bei ihm auszuharren, so läßt er dich teilhaben an dem Glanz seiner Sonne und gewährt dir Häschen, Rehböcke, Hirsche, daß du sie jagen magst und deine Lust daran haben und so die Macht der Winterkälte brechen. [. . .] Alles in allem ist es so: der Landbesitz sorgt dafür, daß dir im Hause nichts mangle, er trachtet danach, daß in deinem Herzen keine Trübsal Wurzel fasse, er überschüttet dich mit Freude und Nutzen, und wenn er von dir irgendeine Arbeit verlangt, so will er doch nicht wie die übrigen Betätigungen, daß du dich dabei betrübst, dir schwere Gedanken machst, ja er will dich überhaupt nicht bekümmert und erschöpft; deinem Landbesitz genügt eine Arbeit und Betätigung voller Behagen, die deiner Gesundheit nicht minder als der Wirtschaft förderlich ist.

Ungläubig staunen die Einheimischen über die Attraktivität der kargen Scholle

Glückseliger Alberti! Da hat es für nicht wenige seiner ländlichen Nacheiferer fünfhundert Jahre später manch böses Erwachen gegeben. Das Erleben, daß die Gesänge der Vögel allzuoft im Hagel der Schrotkugeln jagdversessener Toskaner verstummen; die Erkenntnis, daß Weinfässer sich nur mit Mühen füllen lassen; die Erfahrung, daß der Landbesitz alles macht, nur nicht sich selbst hegt, sondern gehegt werden will, und zwar bis zur physischen und psychischen Erschöpfung. Und so haben manche die konkrete Utopie vom Landleben in direkter Nachfolge der mönchischen Einsiedeleien in der Bergwelt hinter Arezzo mit der ernüchterten Feststellung wieder quittiert: „Es ist zu mühevoll, wir gehen wieder weg."

Das hätten ihnen die Toskaner übrigens gleich sagen können — wären sie nur gefragt worden. Denn die haben oft nur mit ungläubigem Staunen beobachtet, daß junge Deutsche mit Sack und Pack daherkamen und sich ausgerechnet über jene kargen Böden hermachten, die sie selbst aus guten Gründen nicht mehr bewirtschaften konnten und wollten. Manch cleverer Aussteiger hat allerdings vor dem „nichts wie weg" noch rechtzeitig eine Erleuchtung bekommen, sich fortan auf das weniger mühevolle Organisieren von Psycho-Seminaren verlegt und den streßgeplagten Kindern der deutschen Wohlstandsgesellschaft die Fronarbeit auf den Feldern als „einzig richtigen Weg der Selbsterfahrung und Selbstfindung" angepriesen — gegen teures Geld, versteht sich.

Aber die Toskana hat nicht nur den idealistischen, den utopischen und den cleveren Aussteiger der ausgehenden sechziger Jahre kommen und gehen gesehen. Es ist auch der ganz realistische Umsteiger gekommen — und der ist meist auch geblieben. Einer, der in guten Jobs jahrelang gutes Geld verdient hatte und nach zwanzig oder dreißig Karrierejahren hinterm Schreibtisch eine Alternative, ein neues Ziel suchte. Die Alternative war meist so perfekt geplant wie der bisherige Lebensweg auch. Und so haben diese Realisten die angesparten Millionen gezielt in den Neuaufbau von Weinbergen investiert, die Faßkeller saniert und alte Gemäuer stilvoll wieder hergerichtet. Sie haben das nördlich der Alpen verdiente Geld in den toskanischen Boden gesteckt, und es war in aller Regel gut angelegtes Kapital. Denn viele ihrer Namen sind heute als Besitzer bedeutender und prosperierender Weingüter auf den Flaschenetiketten wiederzufinden. Andreas zum Beispiel, ein studierter Agraringenieur, hat jahrelang für einen Chemiekonzern die Länder Afrikas abgeklappert, um den dortigen Landwirtschaftsministerien die Segnungen von Kunstdünger und anderer teurer Produkte westlicher Industrien aufzuschwatzen. Irgendwann erschien ihm der Job anrüchig. In der Toskana fand er ein Stück Land, er pflanzte Reben drauf, lernte die Sprache, und es gibt niemanden mehr im Dorf, der ihn schief anschaut. Die paar Flaschen Cabernet-Sauvignon, die er jährlich produziert und im kleinen Eichenfaß ausbaut, werden ihm aus den Händen gerissen. In der Phalanx dieser Aussteiger finden sich im übrigen nicht nur deutsche Namen. Viele Schweizer sind dabei und nicht wenige Italiener: Ehemalige Industriebosse aus Rom und Advokaten aus Mailand haben sich zwischen Florenz und Siena ihre neuen Refugien geschaffen.

Heute München, morgen Siena — und nirgendwo richtig daheim

Unter den Deutschen jedoch soll es sogar welche geben, die es derart extrem treiben, daß sie unter der Woche ihren Job in München oder Stuttgart managen und am Wochenende zur Visitation ihrer toskanischen Latifundien einfliegen. Da muß man dann lange suchen, um einen Einheimischen zu finden, der diese Art der Rückbesinnung auf bäuerliche Traditionen schätzt. Im Gegenteil: Solche Kinder und Enkel der militanten Eindringlinge von einst brauchen sich dann nicht wundern, wenn sie nur schwer Kontakt zu ihren einheimischen Nachbarn finden, wenn sie nicht überall mit offenen Armen empfangen werden, wenn gar hie und da vom neuen deutschen Kolonialismus gemunkelt wird. Sie scheinen nicht die Toskana oder den Toskaner zu suchen, sondern nur das Bild, das sie vom Land und seinen Menschen im Kopf haben. Sie bleiben fremd im Land, so fremd wie alljährlich die Touristen, die es ins Land ihrer Sehnsucht zieht. Die vielleicht über die Renaissance mehr wissen als mancher Einheimische, die aber von den Gefühlen der Bevölkerung so wenig verstehen, daß sie mit Schildern am Portal darauf hingewiesen werden müssen, in welcher Kleidung man eine Kirche tunlichst nicht betritt.

Zwischen all den Aussteigern und den Touristenmassen hat es sich eine weitere Variante von deutschen Toskana-Süchtigen eingerichtet: Jene, die ein altes Mezzadria-Häuschen erstanden und renoviert haben, und dort immer mal wieder ihre Ferien verbringen. Wer hier als Deutscher nicht tumb auftritt, kann in Frieden — und nach einiger Zeit auch in Freundschaft — mit seinen bäuerlichen Nachbarn leben. Diese wissen das Bedürfnis ihrer neuen Anrainer nach gelegentlicher Selbstverwirklichung durchaus zu schätzen — wenn es sich durch Mithilfe bei der Wein- und Olivenernte ausdrückt und nicht nur im splitternackten Sonnenbaden auf der frisch betonierten Terrasse oder im akkuraten Abgrenzen des neuen Besitztums mit Zaun und hohen Hecken. Und auch in der Dorfkneipe sind die „tedeschi" dann binnen kurzem gerngesehene Gäste. Spät abends beim Chianti wird dann gerne jene Geschichte von einem deutschen Werbetexter kolportiert, der auf die sagenhafte Idee verfallen ist, eine deutsche Landschaft im Südwesten der Republik, das Markgräflerland, auf Ferienprospekten als „Die Toskana Deutschlands" anzupreisen. Das wird weniger als deutsche Hommage an die Schönheit toskanischer Hügellandschaften gewertet, sondern bestenfalls als Beweis für teutonische Einfallslosigkeit. Und wenn sich der toskanische Tischnachbar dann noch vorstellt, eine „Associazione per il Turismo" würde auf die Idee verfallen, die Toskana als das Markgräflerland Italiens anzupreisen, dann bedarf es keines einzigen Glases Chianti mehr, um ihn vor Lachen prusten und schier vom Stuhl fallen zu sehen.

Die Crete: Erodierte Böden und landwirtschaftlich genutzte Flächen haben sich ineinander verzahnt. Wer wird Sieger?

Tanzendes Rot vor strenger Kulisse. Wie Soldaten bewachen dunkle Zypressen das ausgelassene Farbenspiel des Klatschmohns.

Nächste Seite:

In der kargen Weite des Landes bei Torrenieri drängen Schafe und Zypressen sich zu schützenden Gruppen zusammen.

Einer Horde schlafender Urviecher gleich liegen Strohballen auf der Wiese. Klatschmohn zaubert seine roten Teppiche dazwischen.

Verstreute Bauernhöfe, eine Schafherde, das satte Gelb des Ginsters – friedliches Landleben in der Nähe von San Giovanni d'Asso.

Eine Baumreihe verzahnt die Schnittlinie zwischen Himmel und Erde bei Torrenieri: toskanisches Klischee und toskanische Wirklichkeit in einem.

Die Crete bei Taverne d'Arbia. Ein einsames Gehöft auf einer Bergkuppe. Zypressen säumen wie Wächter den Weg.

Castel Grignan, hinter Eichenbäumen versteckt: Ein trutziges, fast festungsartiges Gehöft erinnert an eine bewegte und oft kriegerische Vergangenheit.

Die schräg einfallende Sonne hebt das rötliche Ziegelmauerwerk von Ruderi di Torre di Crevole bei Palazzina aus dem Dunkel der Umgebung hervor.

Nächste Seite:

Blick von Mucigliani nach Siena. Schemenhaft erscheinen die Silhouetten von Dom und Palazzo Pubblico am linken Bildrand und korrespondieren mit der Zypressenreihe im Vordergrund.

Solche bizarr-knorrigen Olivenbäume können jahrhundertealt werden. Bei Vinci stehen Exemplare, unter denen schon der berühmteste Sohn der Stadt, Leonardo, gespielt hat.